부자들이
절대 하지 않는
40가지 습관

부자들이 절대 하지 않는 40가지 습관

다구치 도모타카 지음 | **안혜은** 옮김

21세기북스

인간의 가장 큰 적은 마음속의 적이다.

- 세네카 (로마의 철학자·시인) -

세상에는 똑똑한 부자와 안타까운 부자가 있다.
둘의 차이는 겉모습에서 드러난다.

똑똑한 부자는 날씬하다.
뚱보는 없다.

부자 중에도 뚱보가 있을까?
사실은 있다.
체형 관리는 안 했지만 돈이 많은 사람이 있다.

그러나 뚱뚱한 부자가 부를 유지할 수
있는 것은 지금뿐이다.
먼 훗날 반드시 자산을 잃게 될 것이다.

자기 관리도 못하는 사람이
일과 자산 관리를 잘할 수는 없다.

그것이 3,000여 명의 백만장자를 지켜보며
도출한 진실이다.

똑똑한 부자는 자기 관리에
철저한 사람이다.

체형뿐 아니라 식생활, 배우자 선택, 인간관계, 업무 등
모든 면에서 자신을 관리하는 것이 가능하다.

이렇게 하면 저절로 부자 대열에 들어갈 수 있으며
자산을 축적한 이후에도 쉽게 자산을 잃지 않는다.

이제 알겠는가?

당신이 목표로 삼아야 할 것은
똑똑한 부자가 되는 것이다.

평생 돈 걱정 없는
인생을 사는 방법

갑작스럽겠지만 질문을 하나 하겠다. 뷔페에서 식사할 경우 당신은 어떤 식으로 음식을 먹는가?

- 본전을 뽑기 위해 배가 불러도 계속 먹는다.
- 모든 종류를 조금씩 다 먹는다.
- 음식을 담으러 가기 위해 세 번 이상 자리를 뜬다.
- 소고기 구이, 초밥 등 비싼 음식 위주로 여러 번 먹는다.

개인차는 있겠지만 대부분 이렇게 먹지 않을까? 그런데 여기에 하나라도 해당하는 사람은 안타깝게도 부자가 될 수 없다. 무엇을 감추겠는가. 예전에는 나도 그랬다. 본전을 뽑자는 생각에 접시 한가득 음식을 담아 테이블 사이를 바쁘게 오갔다. 배가 불러서 괴로울 지경이 되어서야 비로소 젓가락을 놓았다. 즉 욕망의 지배를 받았던 것이다.

당시 나의 주머니 사정은 최악이었다. 부끄러운 이야기지만 경마, 파친코, 마작, 술, 명품 등에 돈을 많이 써서 늘 카드빚에 허덕이느라 스물여덟 살에 무려 500만 엔(약 5,000만 원)의 빚을 지고 있었다. 월수입이 가장 적을 때는 13만 엔 남짓이었으니 그야말로 파산 직전에 몰린 전형적인 '구제 불능의 인간'이었다.

나는 그런 자신에게 환멸을 느끼고 굳은 일념으로 빚을 청산하기 시작했다. 마침내 서른네 살에 돈에 얽매이지 않는, 이른바 '돈 스트레스에서 해방된 삶'을 일궈 낼 수 있었다. 그 과정에서 비즈니스 세미나와 다른 업종에 종사하는 사람들과의 교류 모임 등에도 적극적으로 나가, 부자가 된 사람들을 만나서 그들의 사고방식과 돈에 얽매이지 않는 노하우를 필사적으로 흡수했다. 이렇게 해서 그동안 교류를 맺게 된 부자와 성공한 사람들을 모두 합치면 3,000명이 넘는다.

그렇게 똑똑한 부자들과 교류하면서 깨달은 것이 있다. 호텔이나 뷔페에서 나와 함께 식사한 부자들은 모두 '먹고 싶은 음식만 적당히' 먹었다. 부자나 성공한 사람 중에는 뷔페에 왔다고 음식을 산더미처럼 그릇에 담는 사람, 모든 종류를 빠짐없이 먹으려고 하는 사람은 없다. 음식을 담아오는 횟수도 한두 번에 그쳤다. 그들은 음식에 몰두하기보다는 함께 자리한 사람과의 대화를 즐겼다. 말 그대로 '똑똑한 식사'였다.

'돈이 많으니까 게걸스레 먹을 필요가 없는 것 아닌가?' 라고 생각하는 사람도 있을 것이다. 실제로 부자들은 음식 값에 구애받지 않기 때문에 비싼 요리도 종종 먹는다. 그러나 식탐을 부려 배가 불룩해지도록 먹지는 않는다. 물론 부자 중에도 명품을 사는 데 돈을 아끼지 않거나 비싼 음식을 먹으면서 화려한 생활을 하는 사람이 있지만, 그런 이들은 서서히 돈의 미움을 사서 결국에는 경제적으로 어려운 상황에 처하게 된다. 나는 이처럼 무늬만 부자인 사람들도 수없이 보아 왔다.

자산을 꾸준히 유지하는 진짜 똑똑한 부자들은 식사는 물론 모든 면에서 자기 관리에 철저하다. 잘 쓰지도 않을 명품을 사느라 돈을 낭비하거나 업무 시간 대부분을 인터넷 검색으로 허비하는 일도 없다. 그리고 중요한 사실이 한 가지 더 있다. 폭식이나 폭음으로 인해 지나치게 살이 찐 사람이 없다. 정말 똑똑한 부자는 대부분 날씬하고 건강한 몸을 유지하고 있다. 신기하게도 이처럼 자기 관리가 철저한 사람에겐 돈이 따라붙어 자산이 점점 불어난다.

똑똑한 부자는 욕망에 휘둘리지 않기 위해 '절대 하지 않는 일'이 있으며 그것을 매일 실천한다. 나는 그동안 수많은 부자들을 인터뷰하면서 발견한, 그들만의 공통적인 '철학'을 알리고자 이 책을 집필했다. 부자가 되기 위한 첫걸음은 매일의 습관을 바꾸는 것이다. 지금도 늦지 않았다. 부자들이 '절대 하지 않는 일'을 익혀 '평생 돈 걱정 없는 인생'을 쟁취해 보자.

다구치 도모타카

당신은 '똑똑한 부자'가 될 수 있을까?

다음 내용이 자신에게 해당하면 ✔와 같이 표시한 후 결과를 오른쪽 페이지에서 확인해 보자.

- [ ] 먹기 싫은 음식도 남김없이 먹는다.
- [ ] 중요한 이야기는 밤에 술자리에서 한다.
- [ ] 저축을 하는 재미로 산다.
- [ ] 집은 당연히 사야 하는 것이라고 생각한다.
- [ ] 쾌적함보다 절약을 중시한다.
- [ ] 어울리고 싶지 않은 상대라도 일단 만나 본다.
- [ ] 항상 자신을 '평범한 회사원'이라고 소개한다.
- [ ] 편한 사람들하고만 어울리려 한다.
- [ ] 집단에 소속되어 인맥을 넓히고 싶다.
- [ ] SNS에 자신의 성과를 자주 올린다.
- [ ] 잘 못하는 것은 잘하도록 극복해야 한다고 생각한다.
- [ ] 돈을 벌려면 일단 자격증부터 취득해야 한다고 생각한다.
- [ ] 구체적인 숫자로 판단하기보다 '추세'와 '분위기'를 중시한다.
- [ ] 이메일을 받으면 바로 회신해야 한다고 생각한다.
- [ ] 일하는 날과 쉬는 날을 확실하게 구분한다.

☑ 3개 이하

'똑똑한 부자가 될 가능성' 높음!!!

당신은 혹시 날씬한 체형인가요?
이 책을 통해 부자가 될 가능성을 더욱 높여 보세요.

☑ 4~7개

'똑똑한 부자가 될 가능성' 보통!!

당신은 혹시 보통 체형인가요?
이 책을 통해 부족한 부분을 보완하세요.

☑ 8개 이상

'똑똑한 부자가 될 가능성' 낮음!

당신은 혹시 뚱뚱한 체형인가요?
이대로라면 똑똑한 부자가 되기 힘들 것 같네요.
하지만 괜찮아요! 이 책을 읽으면 당신도
똑똑한 부자가 될 수 있습니다!

| 차 례 |

제2장 | 똑똑한 부자는 이런 것에 돈을 쓰지 않는다

제3장 | 똑똑한 부자는 이렇게 일하지 않는다

자기 관리만 잘해도
자금 사정이 달라진다

똑똑한 부자 중에 '똥보'는 없다

스물여덟 무렵의 나는 전형적인 구제 불능의 인간이었다. 당시 학원 강사로 일하며 받은 월급은 약 50만 엔. 20대 후반의 애송이가 받기에는 황송한 금액이었다. 학생들도 잘 따르고 동료들과도 잘 맞아서 일하는 것이 정말 즐거웠다.

여기까지만 보면 매우 착실하게 산 것 같지만 당시 나에겐 큰 문제가 한 가지 있었다. 돈을 너무 헤프게 썼다. 학원 업무가 끝나면 같이 일하는 후배를 꼬드겨서 비싼 술집을 찾아다니는 것이 일과였다. 여러 술집을 전전하다 집에 돌아오면 어느덧 날이 밝아 있었다. 물론 술값은 선배인 내가 냈다. 그러다 보니 하룻밤에 5만 엔, 10만 엔이 우습게 사라졌다.

게다가 주말에는 으레 경마를 즐겼다. 잘 맞히지도 못하면서 거금을 쏟아부었다. 또한 명품을 좋아해서 늘 아르마니를 사 입었다. 월급이 50만 엔이나 되어도 매일 이런 식으로 생활하니 돈이 순식간에 사라질 수밖에 없었다. 정신을 차렸을 때는 빚이 무려 500만 엔이나 되었다. '지금 즐거우면 그만이야!'라는 생각으로 욕망에 휘둘려 살아온 결과였다.

그때의 나는 '자기 관리'와 거리가 먼 생활을 하고 있었다. 밤늦게까지 먹고 마시는 것도 모자라 먹고 싶은 음식이 있으면 시도 때도 없이 먹으면서 건강을 해쳤다. '고기→패스트푸드→고기→편의점 도시락→초밥→라면→고기→패스트푸드…'와 같은 식으로 고칼로리 음식만 먹었다. 식당에서 곱빼기를 권하면 마다하지 않고 배가 불룩해질 때까지 먹었다.

그 결과 50킬로그램 대의 날렵했던 몸이 점점 옆으로 퍼지면서 90킬로그램 대에 돌입하더니 결국 100킬로그램에 가까워졌다. 그래도 정신을 차리지 못하고 계속해서 살이 뒤룩뒤룩 찌도록 나 자신을 방치했다. 빚이 500만 엔이나 있는 '뚱보'. 이것이 스물여덟의 내 모습이었다.

체중과 자산은 반비례한다

'이대로는 안 돼.' 그렇게 나태한 나날을 보내다 빚더미에 오르자 나는 초조해지기 시작했다. 갖고 있던 10장의 신용 카드는 모두 한도 초과가 되어 돌려막기도 못 하는 지경에 이르렀다. 채권자가 집과 직장으로 쳐들어올까 봐 불안한 나날을 보내다 결국 빚의 악순환에서 벗어나기로 결심했다.

이대로 학원 강사 일을 계속하다가는 아무것도 바뀌지 않을 것 같아서 일단 강사 자리를 정리하고 부모님이 하던 보험 대리점을 이어받기로 했다. 그 결과 50만 엔이었던 월 수입이 순식간에 반 토막이 되었다.

자연히 생활이 어려워졌다. 돈이 없으니 절약하는 수밖에 없었다. 술집과 경마를 끊고 명품 옷도 사지 않았다. 하루에 두 갑씩 피우던 담배도 끊었다. 매일 밖에서 해결하던 식사 도 슈퍼마켓 타임세일을 이용했다. 반찬과 회가 반값으로 떨어지는 밤 시간대를 노렸더니 식비와 먹는 양이 크게 줄 었다.

이렇게 낭비를 차단하고 단순한 식생활을 유지하자 큰 변화가 일어났다. 돈이 모이고 체중이 줄기 시작한 것이다. 불필요한 쇼핑을 끊고 식사량을 줄였으니 어찌 보면 당연한 결과였다. 그때는 몰랐지만 여기에 부자가 되는 원리 원칙이 숨어 있었다. 바로 '나태한 생활을 청산하고 자기 관리를 철저히 하면 돈이 모인다'는 원리 원칙이다.

나는 절약 생활을 시작한 지 2년 만에 500만 엔의 빚을 모두 청산했고 그때부터 저축액을 조금씩 늘려 갔다. 이후 투자를 통해 꾸준히 자산을 불렸고 지금은 '돈 스트레스에서 해방된 삶'을 살고 있다.

지금의 체중은 59~61킬로그램 사이인데, 내 키(175센티미터)를 고려하면 매우 적절한 체중이다. 다음 페이지의 그림은 내 체중과 자산의 추이를 나타낸 그래프다. 체중과 자산이 거의 완벽한 반비례 관계인 것을 볼 수 있다. 이것은 단순한 우연이 아니다. 나는 자산을 늘려 가는 과정에서 수많은 부자를 만났는데 당시 부자였던 사람과 나중에 부자가 된 사람 중 무절제한 식생활을 일삼는 뚱보는 없었다. 그들은 모두 절제된 식생활을 하여 적정 체중을 유지하고 있었다.

 POINT

식생활 관리가 철저한 사람은 돈이 점점 불어난다.

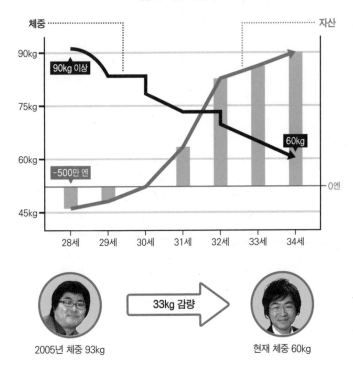

체중과 자산의 관계

체중 ·········· 자산

90kg — 90kg 이상

75kg

60kg — -500만 엔 — 60kg — 0엔

45kg

28세　29세　30세　31세　32세　33세　34세

33kg 감량

2005년 체중 93kg　　　　현재 체중 60kg

- 체중을 감량하여 적정 수준(표준 체중)에 이르면 안정기에 접어든다(살이 잘 찌지 않는다).

- 자산도 적정 수준에 이르면 안정기에 접어들면서 불어나기 시작한다(자산이 쉽게 줄지 않는다).

- 급격한 다이어트나 극단적인 식사 제한으로 살을 빼면 요요현상이 나타나기 쉬운 것처럼 복권 당첨이나 우연히 터진 잭팟으로 갑자기 불어난 자산은 시간이 흐르면서 줄어들기 마련이다.

똑똑한 부자는
돈을 함부로 쓰지 않는다

빚투성이 뚱보 시절의 나는 자기 관리를 전혀 하지 않았다. 먹고 싶은 것은 아무 때나 먹었고 눈앞에 음식과 술이 있으면 모조리 먹어치우는 폭음, 폭식 습관이 있었다. 그 시절에는 체중을 잰 기억이 없다. 체중에 대한 자각 없이 생활했다. 솔직히 말하면 내 체중을 알게 되는 것이 두려워 체중계에 오르지 않았다. 내가 뚱보라는 사실을 받아들이고 싶지 않았던 것이다.

뚱뚱한 사람의 가장 큰 문제는 '먹는 양'과 '현재 체중'을 전혀 파악하지 않는다는 점이다. 매일 반복되는 과식으로 점점 살이 찌고 있는 것을 알면서도 현실을 직시하지 않는다. 그렇기 때문에 체중을 재는 일도 없다. 무절제한 식생활을 이어 가다가 비로소 현실을 깨달았을 때는 이미 돌이

킬 수 없을 만큼 체중이 늘어 있는 상태다. 이것이 뚱보가 되는 사람들의 전형적인 패턴이다.

자신의 식생활과 체중을 직시하지 않는 사람은 대부분 돈도 직시하지 못한다. 예전의 나도 마찬가지였다. 욕망에 지배되어 낭비하며 살던 시절에는 월급이 얼마인지는 알아도 외식이나 도박에 쓰는 돈은 얼마인지 정확하게 파악하지 못했다. 물론 많이 쓴 것 같다는 느낌은 있었지만 한 달에 쓰는 정확한 금액은 몰랐다. 손에 쥔 건 모조리 쓴다, 그것이 내가 돈을 쓰는 방식이었다.

자산 관리도 마찬가지였다. 통장에 얼마가 들어 있는지 나는 전혀 관심이 없었다. 빚을 진 이후에도 그 버릇은 바뀌지 않아서 내 빚이 모두 얼마나 되는지도 전혀 몰랐다. 매달 청구서를 받으니 다달이 갚아야 할 액수는 알고 있었지만 신용카드가 여러 장이라 빚이 전체적으로 얼마인지는 제대로 파악할 수 없었다. 실은 빚이 얼마나 되는지 아는 게 두려워 외면했다는 것이 옳은 표현이리라. 살찐 모습을 외면하며 체중을 재지 않는 것과 완전히 똑같지 않은가?

부자는 자신의 체중을 바로 말할 수 있다

그런가 하면 부자는 모든 면에서 자기 관리가 철저하다. 통장에 들어오는 돈은 물론 통장에서 나가는 돈도 제대로 파악하고 있다. 또한 돈을 어디에 썼으며 매달 얼마나 썼는지 정확한 수치로 파악한다. 가끔은 지나치게 많이 소비할 때도 있지만 그렇더라도 그 내역을 정확히 알고 있다.

그런 사람은 자산 현황도 꼼꼼히 파악한다. 통장에 얼마가 있는지, 주식이나 부동산은 얼마나 보유하고 있는지 숫자로 바로 말할 수 있다. 이처럼 돈 관리를 철저히 하면 욕망에 지배되어 재산을 탕진할 가능성은 없다.

똑똑한 부자는 식생활에 대해서도 꼼꼼히 파악한다. 자신이 하루에 얼마나 먹었는지 또는 몇 칼로리를 섭취했는지 생각하면서 식사를 한다. 여기에 더해 매일같이 체중을 확인하기 때문에 현재 자신의 체중이나 적정 체중이 얼마인지 바로 정확하게 말할 수 있다. 따라서 폭음이나 폭식으로 뚱보가 되는 일이 없다.

체중의 증감과 자산의 증감은 모두 '철저한 자기 관리'에 달렸다. 똑똑한 부자는 철저한 자기 관리로 적절한 체중을 유지하며 자산을 불려 나간다.

갑자기 뚱보가 되는 사람은 없다

부자가 되는 비결은 하루도 빠지지 않고 자기 관리를 하는 것이다. 아무리 많이 먹어도 체중이 2~3일 만에 10킬로그램이나 늘지는 않는다. 즉 갑자기 살이 찌는 사람은 없으며 긴 시간에 걸쳐 서서히 뚱보가 되어 간다.

돈도 마찬가지여서 큰 액수의 복권에 당첨된 것이 아닌 이상 갑자기 부자가 되지는 않는다. 한 달에 늘릴 수 있는 저축액은 뻔하다.

뚱보든 부자든 그렇게 되기까지 긴 시간이 걸린다는 말이다. 무엇을 얼마나 먹을 것이고, 어디에 얼마나 쓸 것인가? 이러한 관리가 하루하루 쌓여 체중과 저축액이라는 결과로 나타난다. 부자가 되고 싶다면 '하지 말아야 할 일'을 정해서 철저하게 지켜야 한다.

 POINT ....•

체중과 저축액을 파악하고 있어야 부자가 될 수 있다.

똑똑한 부자는
체중 관리를 소홀히 하지 않는다

● 나의 지인 스즈키 씨(가명)의 이야기다. 몇 년 전 그가 내 세미나에 참석했을 때의 첫인상은 '와아, 몸집 진짜 크다!'였다. 키는 보통이었으나 몸이 몹시 비대했다. 지금 내 몸집의 두 배는 족히 될 정도였으니 명실상부한 '뚱보'였다.

회사원이었던 스즈키 씨는 돈을 모으기는커녕 오히려 저축한 돈을 탕진하며 살고 있었다. 그가 앞날에 대한 불안감에 휩싸여 "무엇을 어떻게 해야 할지 모르겠다"고 넋두리하던 기억이 난다.

나는 그에게 '금전 노트'를 쓰라고 조언했다. 금전 노트에 대해서는 그동안 내 책과 강연회를 통해 여러 번 강조해 왔다. "금전 노트를 쓴 이후 돈을 모으게 되었다", "금전 노트로 인생이 달라졌다"는 경험담이 끊이지 않을 만큼 큰 반향을 불러일으킨 방법이다.

금전 노트를 쓰는 법은 매우 간단하다. 매일 지갑에 들어 있는 영수증을 꺼내 지출 내역을 적는 게 전부다. 돈의 출납 내역을 숫자로 써 보면 자신의 소비 행동을 파악할 수 있다. 어디에 얼마를 쓰며 불필요한 지출은 얼마인지가 일목요연해지기 때문이다.

예를 들어 아침마다 무심코 사 마시는 커피값이 매달 1만 엔 이상이라는 것을 알게 되면 자연히 돈을 아끼려는 마음이 들지 않을까? 이것이 금전 노트의 효과다. 자신의 소비 행동을 객관적으로 살펴봄으로써 충동구매를 지양하고 지출을 조절하게 된다.

'뚱보' 스즈키 씨와는 한동안 연락이 끊어졌다가 얼마 전 어느 친목회에서 우연히 재회했다.

"다구치 씨, 오랜만입니다."

그가 말을 걸어 왔을 때 나는 누구인지 바로 알아챌 수 없었다.

"몇 년 전 ○○ 세미나에서 뵈었던 스즈키입니다."

그 말을 듣고도 그가 누군지 바로 떠오르지 않았다. 몰라보게 날씬한 훈남으로 변해 있었기 때문이다. 게다가 그가 내민 명함에는 '대표 이사'라는 직함이 새겨져 있었다. 1년 전에 독립해서 사업체를 꾸렸는데 벌써 안정권에 들어섰다는 게 아닌가!

인생 역전 한 방을 꿈꾸지 마라

자세한 이야기를 들어 보니 스즈키 씨는 나의 '금전 노트 기록하기'를 꾸준히 실천했다고 한다. 그 결과 그동안 자신이 얼마나 낭비를 일삼았는지 객관적으로 파악하게 되어 더 이상 불필요한 쇼핑은 하지 않게 되었으며, 무엇보다 식비에 터무니없이 많은 돈을 쓰고 있었다는 사실을 깨닫고 매우 놀랐다고 털어놓았다.

낭비하지 않으면 자연히 먹는 양이 줄어든다. 먹는 양이 줄면 체중이 줄어들기 시작한다. 다이어트의 즐거움을 맛본 스즈키 씨는 식사할 때도 칼로리부터 살피고 건강을 위해 음식을 음미하면서 식사하는 등 식생활을 관리하게 되었다. 그러자 체중이 조금씩 줄기 시작했고 어느새 체중계에 오르는 것이 즐거워졌다고 한다. 그 결과 스즈키 씨는 지금처럼 날씬한 체형을 갖게 되었다. 예전보다 25킬로그램이나 빠졌다고 한다.

무엇보다 흥미로운 것은 체중 감량에 반비례하여 저축액이 늘어났다는 점이다. 낭비만 안 해도 돈은 반드시 불어나게 되어 있다. 저축이 즐거워진 스즈키 씨는 업무를 할 때도 자신감이 생겼고 불어난 자산을 기반으로 자신의 회사를 일구어 냈다. 지금도 금전 노트 기록과 체중 측정은 매일 습관처럼 하고 있다고 한다. "금전 노트를 기록한 후로 인생이 변했습니다!"라며 웃는 스즈키 씨의 표정에서 충만함이 넘쳐흘렀다.

"일도 인생도 잘 안 풀린다", "돈이 더 많았으면 좋겠다"고 넋두리만 늘어놓으면 아무것도 바뀌지 않는다. '한 방의 인생 역전'은 꿈같은 이야기일 뿐이다. 만족할 만큼의 돈을 벌며 행복한 인생을 사는 사람은 꾸준히 매일의 습관을 개선함으로써 과거의 자신과 결별한 끝에 그러한 인생을 쟁취한 것이다. 똑똑한 부자가 되려면 작게나마 한 걸음 내딛는 것이 중요하다. 우선은 체중을 재는 것부터 시작해 보자.

 POINT

사소한 습관을 매일 반복하는 것이 부자가 되는 지름길이다.

제 **1** 장

똑똑한 부자는
식사할 때 이런 행동을 하지 않는다

'먹기 싫은 음식'은
먹지 않는다

똑똑한 부자는 '먹기 싫은 음식'은 먹지 않는다. 여기서 '먹기 싫은 음식'이란 '당근이 싫다', '피망을 잘 못 먹는다'와 같은 단순한 기호 차원이 아니다. 내 몸이 원치 않는 것은 먹지 않는다는 뜻이다.

예를 들어 패스트푸드는 칼로리가 높아서 먹지 않기로 했다면 옆 사람이 먹어도, 한창 화제인 신제품이라고 해도 먹지 않는다. 건강을 생각해서 라면 국물을 안 먹기로 했다면 같이 식사하는 사람이 국물을 모두 마셔 그릇을 싹싹 비워도 자신의 결심대로 국물을 남긴다. 고기 뷔페에서도 과식하거나 모든 종류를 다 먹어 보려고 하지 않는다. 먹고 싶은 것만 적당히 먹을 뿐이다.

즉 '눈앞에 있어서', '맛있을 것 같아서', '옆 사람이 먹으니까'와 같은 이유로 음식을 먹지 않는다. 식생활 관리가 철저한 것이다.

식생활에 대한 '기준'을 세운다

그러나 배가 고프면 과식을 하게 되기 마련이고 맛있는 음식을 보면 참을 수 없다는 사람도 있을 것이다. 이처럼 자기 관리를 하지 못하는 사람에게는 '기준이 불분명'하다는 공통점이 있다.

무엇을 먹고 무엇을 먹지 않을 것인가? 어떤 식당에서 먹고 어떤 식당에서 먹지 않을 것인가? 얼마만큼 먹을 것인가? 식사는 매일 몇 번, 몇 시에 할 것인가? 식생활에 대한 이 같은 기준이 없기 때문에 식욕이 당기는 대로 또는 분위기에 휩쓸려 과식하게 된다.

돈도 마찬가지다. '한 달에 쓸 수 있는 한도', '사지 말아야 할 물건' 등의 기준이 없으면 돈이 술술 빠져나가기 시작한다. 물론 그 기준은 사람마다 다르겠지만 어떤 똑똑한 부자는 다음과 같이 확실한 기준을 세우고 이를 실천했다.

- 하루에 1,800킬로칼로리 이상은 섭취하지 않는다.

- A 사의 햄버거는 먹지 않지만 좋은 재료로 만드는 B 사의 햄버거는 먹는다.

- 라면 국물을 다 마시지 않는다.

- 밥을 더 먹지 않는다.

식습관에 대한 기준이 이처럼 명확하면 눈앞의 요리가 정말로 먹고 싶은 음식인지 아닌지 판별할 수 있고 결과적으로 적절한 체형을 유지할 수 있다.

365일 외식을 하더라도 기준이 있으면 살찌지 않는다

여러분 중에는 "나는 혼자 살고 있어 주로 외식을 하기 때문에 살이 쪄도 어쩔 수 없다"는 사람도 있을 것이다. 그러나 집에서 만든 음식이라고 해서 반드시 몸에 좋은 것은 아니다. 평소 외식만 한다고 해도 명확한 기준이 있으면 아무 문제가 없다.

내가 아는 한 경영자는 365일 외식을 하지만 날씬한 체형을 유지한다. 그렇다고 입이 짧은 것은 아니고 세끼 모두 제대로 챙겨 먹는다. 그런데도 날씬한 이유는 '먹어야 할 것'을 정해 놓고 매일 빠뜨리지 않고 체중을 측정하기 때문이다.

🎯 **POINT** .... •

똑똑한 부자는 음식에 대한 명확한 기준이 있다.

저렴하다는 이유로
음식을 선택하지 않는다

내가 뚱뚱했던 시절에는 매일같이 햄버거나 소고기 덮밥 등을 파는 패스트푸드점을 이용했다. 저렴하고 빠른 데다가 맛있게 배를 채울 수 있어서 자주 애용했다.

패스트푸드점은 어디를 가나 쉽게 찾을 수 있다. 패스트푸드의 특징인 매력적인 가격이 가계 경제에 도움이 되는 것도 사실이다. 그러나 일반적으로 패스트푸드는 지방 함량이 높아 몸 안에 쉽게 축적되며 영양 균형 면에서도 좋지 않다. 게다가 가격이 저렴해서 자신도 모르게 과식을 하게 된다. 패스트푸드점에 악감정은 없지만, 너무 저렴한 음식 대부분에는 위험 요소가 잠재되어 있다.

똑똑한 부자가 될 사람은 저렴하다는 이유만으로 음식을 선택하지 않는다. 몸이 원하는 것에 귀를 기울이며 정말 먹고 싶은 것을 먹는다. 다시 말해 양보다 질을 중시한다. 예를 들어, 같은 가격이면 고기 뷔페에서 양으로 승부하기보다 소량을 먹더라도 질 좋은 고기를 취급하는 곳에서 먹는 식이다.

과학적 근거는 없지만 내 경험상 질 좋은 음식은 질 낮고 저렴한 음식에 비해 조금만 먹어도 금방 배가 부른 경향이 있다. 만복감滿腹感은 물리적으로 위에 얼마만큼의 음식을 채웠는지뿐 아니라 정신적인 부분, 즉 어디서 누구와 어떤 음식을 먹었는지에도 크게 좌우된다고 생각한다. 그렇다고 고급 음식만을 먹으라는 말이 아니다. 무조건 양으로 승부해서는 진정한 만족감을 얻을 수 없다는 뜻이다. 배가 아플 때까지 먹는 바람에 오히려 컨디션이 나빠진다면 안 먹는 것만 못하다.

물론 부자도 패스트푸드를 먹을 때가 있다. 가끔 먹는 패스트푸드는 맛도 있다. 다만 가급적 몸에 좋은 재료로 만든 것을 선택하고 이용 횟수를 제한하는 등 명확한 기준을 세워 두고 이를 지킨다.

집밥으로 돈도 절약하고 건강도 지킬 수 있다

하지만 당장 돈이 없어서 패스트푸드를 이용하는 사람도 있을 것이다. 그런데 꼭 패스트푸드를 먹지 않아도 식비를 절약하는 방법은 있다. 바로 집밥을 먹는 것이다. 그러면 확실하게 식비가 절약된다.

나도 빚더미에서 벗어나려고 필사적으로 노력하던 시절에는 패스트푸드점을 끊고 집밥을 먹었다. 반찬은 사 먹고 밥만 직접 짓는 정도였지만 패스트푸드점에서 먹는 것보다 돈이 적게 들었다. 게다가 살이 점점 빠지면서 짜증도 사라졌다. 집밥을 먹으면서 건강한 생활을 되찾게 된 것이다.

행복한 인생을 위해서는 건강이 필수다. 돈을 아무리 많이 벌어도 몸이 아파 인생을 마음껏 즐기지 못한다면 아무런 의미가 없다. '건강이 재산'이라는 인생의 대원칙을 잊어서는 안 된다.

똑똑한 부자는 삼시세끼 비싼 요리를 먹지 않는다. 그렇다고 식비를 지나치게 아끼는 것도 아니다. 마트에서 장을 볼 때도 싼 가격을 선택의 기준으로 삼지 않는다. '싼 게 비지떡'이라는 말도 있듯 저렴한 재료는 건강에 안 좋을 가능성이 있다. 현재 내 몸의 상태는 과거에 어떤 음식을 먹었느냐에 따라 달라진다. 따라서 아무리 힘들게 절약했더라도 나중에 병에 걸려 돈이 더 많이 든다면 절약의 의미가 없다.

똑똑한 부자는 가격이 아니라 첨가물 유무, 신선도 등을 기준으로 상품을 고른다. 식비를 바짝 줄여야 할 형편이라면 불필요한 외식이나 술자리를 줄이는 것이 더 현명하다. '싸게, 빠르게, 맛있게'의 유혹에 넘어가는 사람은 돈과 건강 관리는 물론 업무와 생활 전반에 대충대충인 경우가 많다.

자기도 모르게 패스트푸드점에 이끌리고 있다면 스스로에게 다음과 같은 질문을 해 보자.

'왜 나는 패스트푸드를 선택할까?'

'싸고, 빠르고, 맛있어서'라는 이유뿐이라면 음식에 대한 명확한 기준이 없는 사고 정지 상태일 가능성이 높다. 먼저 자신과의 대화를 통해 몸이 원하는 게 무엇인지 파악하는 것이 중요하다.

 POINT

똑똑한 부자는 '건강이 재산'임을 잘 알고 있다.

아침 식사를
절대 거르지 않는다

자기 관리가 철저한 사람은 규칙적인 식생활을 한다. 점심을 저녁에 먹고 저녁을 한밤중에 먹으면 식생활 리듬이 깨져 일과 생활의 리듬까지 흐트러지기 때문에 삼시세끼는 대체로 정해진 시간에 먹는다.

똑똑한 부자는 리듬이 깨지는 것을 싫어한다. 리듬이 깨지면 평상심을 유지하고 집중력을 발휘하기가 어려워진다. 이것은 일의 효율성과 성과에 악영향을 미친다.

메이저리그에서 활약 중인 이치로 선수도 매일 같은 일과를 반복하는 습관이 있다. 매일 아침 같은 시간에 일어나고, 같은 시간에 야구장에 가서 같은 순서로 연습하고, 타석에서도 같은 동작을 반복한다. 이처럼 정해진 일과를 지킴으로써 자신의 능력을 최대한 발휘할 수 있다.

똑똑한 부자는 생활의 리듬을 유지하기 위해 아침밥을 꼭 챙겨 먹는다. 하루의 시작이라 할 수 있는 아침 식사를 거르면 하루 종일 리듬이 깨지기 때문에 절대 아침 식사를 거르는 일이 없다.

최근에는 공복 건강법이나 1일 1식 다이어트를 제창하는 전문가도 있지만 내 경험상 아침밥을 거르면 안 좋은 점이 더 많다. 내가 아는 부자들만 해도 대부분 아침 식사를 소홀히 하지 않는다.

나는 옛날부터 오전 6시에 아침을 먹는 습관이 있다. 돈도 없고 빚을 갚느라 정신없었던 시절에도 아침마다 채소 주스를 마셨다. 돈을 절약하면서도 건강한 몸을 되찾기 위해서였다. 지금은 주먹밥과 된장국, 채소 샐러드가 고정 메뉴다. 출장을 가도 이 구성은 바뀌지 않는다.

덧붙이면 이치로 선수는 매일 아침 같은 시간에 카레를 먹는다고 한다. 아침 메뉴 선택에는 개인차가 있고 무엇을 먹든 관계없지만 정해진 시간에 일정한 양을 먹는 것은 매우 중요하다.

아침 식사는 업무 모드로 들어가는 스위치

매일 같은 시간에 하는 아침 식사는 잠이 덜 깬 몸의 스위치를 켜는 역할을 한다. 구조적인 면에서 인간의 몸을 보자면 기상 직후에는 혈당치가 내려가 있고 내장과 신경, 뇌의 운동이 활발하지 않다. 그 기능을 정상화시키고 몸과 정신을 깨우는 것이 아침 식사의 역할이다.

아침 식사를 거르면 에너지가 몸 전체에 골고루 퍼지지 않고 체온과 혈당치가 오르지 않는다. 그러면 잠이 덜 깬 상태가 지속되어 일의 능률이 오르지 않고 집중력도 저하된다.

반대로 아침을 먹으면 의욕이 솟고 기분이 고조된다. 하루를 기분 좋게 시작하느냐 못하느냐에 따라 그날의 업무 능률과 성과가 달라진다.

아침 식사량을 정해 두면 칼로리 관리가 쉽다는 장점이 있다. 자기에게 알맞을 양을 정해 둠으로써 쓸데없이 과식하는 일이 없어지고 체중 유지도 수월해진다. 또한 아침에 적당량의 음식을 먹어 두면 공복으로 인해 점심에 과식을 할 우려도 없다.

아침에는 식욕이 없고 밥이 안 넘어간다며 아침 식사를 거르는 사람이 많다. 그렇다면 먼저 부담이 적은 음료수나

과일을 먹는 것으로 시작해 보자. 아침 습관을 바꿈으로써
충실한 하루를 맞이할 수 있을 것이다.

 POINT
정해진 시간에 일정한 양을 먹는다.

저녁 8시 이후에는
음식을 먹지 않는다

밤늦게 식사를 하면 살이 찐다는 것은 누구나 아는 사실이다. 의학적으로 보자면 밤늦게 탄수화물이나 고지방 요리를 먹고 그대로 자면 에너지로 소비되지 못하고 체내에 지방으로 축적된다.

저녁 8시 이후에는 음식을 안 먹는 것이 좋다는 의사의 조언에 따라 나도 저녁 8시 이후에는 식사를 하지 않는다. 따라서 저녁 8시 이후에는 될 수 있는 대로 회식을 잡지 않으며 혹여 술자리에 갔더라도 8시가 넘으면 술 대신 알코올이 없는 다른 음료를 마신다. 어쩔 수 없이 저녁 8시 이후에 식사를 했을 때는 아침 식사량을 줄이는 등 반드시 칼로리를 조절하려고 애쓴다.

개인적으로 이 규칙을 지킨 이후 체중도 일정해졌고 컨

디션도 상당히 좋아졌다. 주위의 부자들도 대부분 이 규칙을 철저히 지키고 있다.

업무 수행력이 높은 사람은 밤늦게 먹지 않는다

또한 저녁 8시 이후에 먹지 않는 습관은 다음날 쾌적한 하루를 시작하는 데 도움이 된다. 앞에서 똑똑한 부자는 리듬이 깨지는 것을 싫어하며 아침 식사 시간을 중요하게 생각한다고 말했다.

밤늦게 음식물을 섭취하면 잠자리에 드는 시간이 늦어지고 자연히 다음날 일어나는 시간과 아침 식사 시간도 늦어진다. 즉 하루의 시작이 늦어진다. 뿐만 아니라 아침 식사를 할 시간인데 배가 더부룩하면 하루의 페이스가 흐트러질 우려도 있다.

당연히 밤과 아침은 이어져 있다. 안정적인 업무 수행을 위해서는 아침 식사만큼이나 제때 먹는 저녁 식사도 중요하다.

아침에 잘 못 일어나거나 일어나는 시간이 불규칙적인 사람은 밤을 기준으로 생각해 보자. 전날 밤 늦은 시간에 밥을 먹거나 술을 마시면 아침 시간을 관리하기가 어렵다. 따라서 밤 시간을 관리함으로써 아침의 리듬이 정돈되고 안정적인 업무 수행력을 갖출 수 있다.

◎ POINT

아침 리듬은 저녁 식사 시간에 달려 있다.

매번 다른 곳에서
점심 식사를 하지 않는다

점심 식사를 할 때 여러 식당을 다녀 보며 새로운 곳을 개척하기 좋아하는 사람들이 있다. 호기심을 갖고 다양한 식당에 도전하는 것은 즐겁기도 하기 때문에 이를 전적으로 부정하지는 않겠다. 하지만 자기 관리 능력이 뛰어난 부자들은 매번 식당을 바꾸지 않는다. 오히려 마음에 드는 몇 곳을 돌아가며 이용하는 경향이 강하다. 이렇게 하면 자신의 식사량을 관리하기가 수월하기 때문이다.

새로운 식당의 개척은 분명 즐거운 일이지만 일단 직접 먹어 보기 전까지는 나오는 음식의 양을 가늠할 수 없고 칼로리 계산도 쉽지 않아 자기도 모르게 과식할 우려가 있다. 그러나 단골 식당은 '이 집의 이 메뉴는 칼로리가 이 정도'라는 예상을 할 수 있어 칼로리나 체중 관리가 수월하다.

나는 집 근처에서 점심을 먹을 경우 정해 놓은 정식 집으로 간다. 개점 시간인 11시에 정확히 도착해서 항상 같은 자리에 앉아 생선구이 정식을 주문하고 '밥은 조금만' 달라고 부탁한다. 메뉴에 칼로리가 표시되어 있어 안심하고 먹을 수 있다.

물론 매일 같은 식당에서 같은 메뉴를 먹는 것은 권하지 않는다. 매일 칼로리 높은 정식을 먹는 것은 오히려 역효과를 일으키기 때문이다. 영양 균형 면에서도 별로 바람직하지 않다. 가장 이상적인 것은 식당을 5~7곳 정도 정해 놓는 것이다. 생선, 육류, 이탈리아 요리 등 메뉴별로 식당을 다양하게 구성하면 영양 불균형은 걱정하지 않아도 된다.

점심시간이 쾌적하면 오후 업무가 순조롭다

단골 식당은 익숙한 장소이기 때문에 쾌적함을 느낄 수 있고 그러한 환경은 업무 효율과 성과에 영향을 미친다. 맛있는 점심처럼 좋은 것은 없지만 '맛을 최우선'으로 삼는 것은 바람직하지 않다.

어디까지나 '점심시간은 업무 중의 휴식 시간'이라는 점을 잊어서는 안 된다. 점심시간에는 익숙한 장소에서 편히

쉬며 순조로운 오후 업무를 준비하는 것이 가장 중요하다. 사람들이 줄지어 기다리고 있는 식당이라고 해서 호기심에 가 보거나 새로운 식당에서 들뜬 시간을 보내는 것은 점심시간을 바람직하게 보내는 것이라고 할 수 없다.

앞에서 말했지만 나는 매주 같은 정식 집에서 같은 자리에 앉아 같은 메뉴를 주문한다. 따라서 내가 '밥은 조금만' 달라는 부탁을 잊더라도 "손님, 오늘은 밥 적게 안 드시나요?"라고 물어봐 준다. 그 정도로 익숙한 공간에서는 스트레스 없이 쾌적한 점심시간을 보낼 수 있고 오후 업무도 순조롭게 시작할 수 있다.

 POINT

단골 식당을 정해 놓고 같은 메뉴를 주문한다.

메뉴 선택으로
고민하지 않는다

이쯤에서 질문을 하나 하겠다. 당신은 식당에서 메뉴를 바로 결정하는 편인가, 아니면 천천히 살펴보고 고르는 편인가?

결론부터 말하면 메뉴를 바로 결정하는 사람은 자기 관리 능력이 뛰어나고 부자가 될 가능성이 높다. 부자와 함께 점심을 먹으러 가 보면 모두 순식간에 주문을 마친다. 이것저것 고민하는 부자는 없다고 해도 좋을 정도다.

메뉴 결정이 빠르다는 것은 명확한 선택 기준이 있다는 증거다. 예를 들어 '칼로리를 생각해서 고기보다는 생선을 고른다', '덮밥보다는 음식 가짓수가 많은 정식을 고른다' 등 명확한 판단 기준이 있기 때문에 고민 없이 고를 수 있다.

반면 메뉴를 오래 고민하는 것은 명확한 기준이 없다는 뜻이다. 이런 사람들은 '옆 사람 메뉴가 더 맛있을 것 같다' 등의 이유로 고민하면서 좀처럼 결정하지 못한다.

돈이 모이는 사람에게는 명확한 판단 기준이 있다

'고작 메뉴 선택인데 너무 확대 해석 하는 것 아니야?'라고 생각할지도 모르겠다. 그런데 메뉴 선택 시 기준이 없는 사람은 대부분 업무와 생활에서도 기준이 없다. 돈이 안 모이는 것도 명확한 기준이 없기 때문이다.

가령 책이나 세미나를 통해, 돈을 모으려면 먼저 지출을 줄여야 한다는 것을 배워 실천하기로 했다고 하자. 그런데 지인이 외환 투자로 돈을 벌었다는 말을 듣고는 자신도 거기에 손을 댄다. 그렇게 지출을 줄이겠다는 결심은 뒷전이 되어 버린다. 지출을 줄이기로 한 결심을 판단 기준으로 삼았다면 외환 투자에 마음이 흔들리는 일은 없을 것이다. 판단 기준이 명확하지 않은 사람은 자꾸 다른 투자 방식에 눈을 돌리다 결국 돈을 불리지 못한다.

다이어트에 항상 실패하는 사람도 마찬가지다. 마음에 드는 다이어트 방법을 골라 이미 시작해 놓고서도 자꾸 다른 다이어트 방법에 눈을 돌려 결국 살을 빼지 못한다. 사업도 명확한 기준이 없는 상태에서 시작하면 여러 가지 정보에 현혹되어 삼천포로 빠지기 십상이다.

저축, 다이어트, 비즈니스 모두 자신의 판단 기준에 맞는 것을 조금씩 꾸준히 해 나가는 사람이 성공한다. '지속하는 힘'은 모든 분야에 통용되는 성공 법칙이다. 그리고 여기에는 반드시 명확한 기준이 있어야 한다. 그렇지 않으면 이런저런 곁가지로 빠지게 된다.

음식 메뉴 선택은 판단 기준을 세우는 매우 효과적인 훈련법이다. 똑똑한 부자가 되고 싶다면 메뉴 선택 기준을 제대로 세우는 것부터 시작해 보자.

 POINT
'지속하는 힘'을 실천하려면 명확한 기준이 필요하다.

중요한 이야기는
늦은 밤 술자리에서 하지 않는다

술은 상대와의 거리를 좁혀주는 인간관계의 윤활유가 되기도 한다. 비즈니스에 접대를 활용하는 것도 그런 이유 때문일 것이다. 얼큰하게 취해 왁자지껄 떠드는 분위기는 확실히 즐겁다. 나도 그런 분위기를 싫어하지 않는다. 다만 중요한 이야기를 해야 하거나 상대와 지속적인 관계를 맺고 싶다면 술의 힘에 의지해서는 안 된다.

접대를 통한 비즈니스는 반드시 성과로 이어져야 의미가 있다. 다소 냉정하게 들릴지 모르지만 어렵게 상대와 나의 소중한 시간을 투자한 자리에서 분위기에 대한 감상이나 요리 맛 같은 시시콜콜한 이야기만 오간다면 비즈니스맨으로서 실격이다. 비즈니스 접대의 목적은 접대 자체가 아니라 '접대 후의 성과'다.

그러한 관점에서 보면 늦은 밤의 술자리는 성과로 이어질 가능성이 매우 낮다. 술이 들어가면 아무래도 업무보다는 '순간의 즐거움'이 우선시되기 마련이다. 게다가 술김에 한 말은 상대가 기억하지 못하는 경우도 있고 허풍만 떨다가 구두 약속으로 끝나 버리는 경우도 있다. 이렇게 해서는 성과를 올리기가 힘들다. 자기 관리 능력이 없었던 예전의 나도 숱한 술자리에서 이러한 실패를 경험했다.

주위의 부자들은 중요한 일 얘기를 해야 하거나 지속적인 관계를 맺고 싶을 경우 낮 회식을 활용하는 것이 좋다고 조언한다. 이른바 '파워 런치'다. 낮에는 일단 술을 마시지 않기 때문에 온전히 일 얘기에 집중할 수 있다. 따라서 성의 없는 답변이나 구두 약속으로 끝날 가능성이 매우 낮아 다음 단계로 나아갈 수 있다.

게다가 밤에 하는 접대에 비해 비용 대비 효과가 월등히 높은 것도 장점이다. 비용도 적게 드는 데다 하고자 하는 얘기를 간단명료하게 끝낼 수 있고 2차로 이어질 일도 없다. 따라서 섭취 칼로리를 제한할 수 있다.

무슨 일이든 한 시간 정도면 상대에게 내 뜻이 충분히 전달된다. 똑똑한 부자는 일 얘기를 짧게 끝내고 다시 자신의 업무로 복귀한다. 시간도 스마트하게 사용하는 것이다. 다음 단계로 이어지는 중요한 이야기는 낮에 하는 것이 가장 바람직하다.

2차는 백해무익

내가 아는 부자들은 밤늦게 술을 마시더라도 2차에 가지 않는다. 1차에만 참석했다가 칼같이 귀가한다. 어떤 경영자는 한 시간 정도 술자리에 머물다 "여러분, 그럼 즐거운 시간 보내십시오"라고 인사한 뒤 술값을 계산하고 퇴장한다. 사장이 앉아 있으면 다른 사람들이 불편할 수 있어 배려하는 것이기도 하지만 그보다는 술 마시며 시간을 낭비하는 데 가치를 못 느끼기 때문이다.

빚투성이 학원 강사 시절의 나는 허구한 날 밤새도록 술을 마셨다. 2차는 말할 것도 없고 3차, 4차를 가는 경우도 허다했다. 그러나 돌이켜 보면 2차는 백해무익했다. 불필요한 지출이 늘고 막차를 놓치기라도 하면 택시비까지 든다. 게다가 밤늦게 먹은 음식 때문에 살까지 찐다.

2차에 가서 나누는 대화는 대부분 시시하고 영양가 없는 이야기이며 무슨 말을 했는지 서로 기억하지도 못한다. 술김에 실언을 해서 관계가 악화되는 일마저 있다. 술자리는 비즈니스 성과로 이어지지 않는다고 전제하면 2차는 아무 의미가 없다. 비즈니스 상대와 좋은 관계를 쌓고 싶다면 1차만으로도 충분하다.

 POINT

'파워 런치'를 통해 성과를 올리자.

냉장고 안의 식재료를
썩히지 않는다

집에 있는 냉장고를 열어 보기 바란다. 유통기한이 지난 재료, 언제 샀는지도 모를 조미료, 상한 채소 등이 있지는 않은가?

냉장고 상태는 자기 관리 능력을 가늠하는 최고의 척도다. 정리정돈이 안 되어 있거나 불필요한 물건이 들어 있다면 자기 관리 능력이 떨어진다는 증거다. 냉장고 안을 파악하지 않고, 싸다는 이유로 세일 상품을 잔뜩 사고, 유통기한이 다 되도록 재료를 사용하지 않으면 냉장고가 포화 상태에 이르면서 점점 지저분해진다.

하나를 보면 열을 알 듯 자기 집 냉장고조차 관리하지 못하는 사람은 업무 관리 능력도 떨어진다. 예를 들면 일에 순서가 없어서 불필요한 작업을 하고, 일정 관리가 느슨해서

마감 기한을 못 맞추고, 책상 정리를 안 해서 필요한 서류를 잃어버리는 식이다.

돈이 모이는 사람은 냉장고 안을 파악하고 있다

한편 자기 관리 능력이 뛰어난 사람은 냉장고 안을 항상 파악하고 있다. 따라서 재료를 계획적으로 사용해서 없애기 때문에 유통기한을 넘겨 쓰레기가 되고 마는 음식물이 없다. 이런 사람은 업무를 처리할 때도 짜임새가 있어 불필요한 일을 하지 않는다.

냉장고 안에 재료가 너무 많아도 정리할 수 있으면 문제되지 않는다. 가장 이상적인 것은 냉장고 안에 그날 사용할 만큼의 재료만 넣어 두는 것이다. 그러면 유통기한을 넘겨 아깝게 버리지 않아도 되고 유통기한을 맞추느라 허겁지겁 먹어치우지 않아도 된다. 근처에 슈퍼마켓이 없는 동네라면 모를까 굳이 한 번에 많은 음식물을 사지 않아도 된다.

냉장고 상태를 파악하고 관리하지 못하는 사람에게는 돈도 모이지 않는다. 매일 여는 냉장고 상태조차 파악하지 않는 사람은 분명 통장에 얼마가 있고, 대출은 얼마이며 어디에 얼마를 썼는지 전혀 모를 것이다. '냉장고 상태는 곧 자기 관리 능력의 척도'라는 것을 명심하자.

◎ POINT ....●

냉장고 상태는 자기 관리 능력의 척도다.

다른 일을 하면서 간식을 먹지 않는다

살찌고 싶지 않다면 간식을 끊어야 하는 것은 상식이다. 그런데 간식에도 '좋은 간식'과 '나쁜 간식'이 있다.

먼저 '나쁜 간식'이란 무엇일까? 나쁜 간식은 텔레비전을 보거나 인터넷을 하면서 먹는, 이른바 '다른 일을 하면서 먹는 간식'이다. 이것은 바로 자기 관리 능력이 떨어지는 사람의 식습관이다. 이런 사람들은 욕망에 지배되어 배가 부를 때까지, 아니면 바닥이 보일 때까지 먹는다.

빚투성이 뚱보 시절의 나도 텔레비전을 보면서 쟁여 둔 과자를 모조리 먹어치우는 게으른 생활을 했다. 이러한 습관은 비만의 원인이 되며 영양 불균형을 초래한다.

일리 있는 '3시의 간식'

그렇다면 '좋은 간식'은 무엇일까? 시간과 양을 정해 놓고 먹는 간식이다. 점심과 저녁 사이에는 아무래도 배가 출출해진다. 공복 상태로 있다 보면 신경이 예민해져서 일에 집중하기가 어렵다. 이럴 경우 간식은 업무 효율성을 유지하는 효과적인 대처법이 될 수 있다. 일본에서는 예로부터 '3시의 간식'이라는 습관이 있을 정도다. 따라서 배가 너무 고픈 사람은 오히려 간식을 먹는 편이 낫다.

이때 중요한 것은 시간을 정해 놓고 먹는 것이다. 시간을 오후 3시로 정했으면 오후 3시에 먹는다. 간식 먹기가 망설여지는 이유는 세끼의 리듬이 깨지기 때문이다. 예를 들어 저녁 식사 직전에 간식을 먹으면 정작 저녁을 먹어야 할 시간에 저녁을 못 먹게 되고 이때 깨진 리듬은 다음날 아침까지 영향을 미친다.

물론 양도 중요하다. 간식을 먹어도 된다고 해서 과자 한 봉지를 모조리 먹어치우면 체중 관리와 자기 관리에 모두 실패한다. 허기를 달랠 정도만 먹는 것이 중요하다. 가장 이상적인 것은 간식으로 먹을 음식과 그 양을 정해 놓는 것이다. 요구르트, 견과류 믹스 등 종류에 관계없이 가급적 같은 음식을 일정한 양만큼 먹는다. 그렇게 하면 자기도 모르게 과식을 하거나 고칼로리 음식을 섭취할 위험이 없다.

참고로 나는 간식 먹는 습관은 없지만 배가 조금 출출해지면 오후 3시쯤 바나나를 하나 먹고 그 이상은 먹지 않는다. 아울러 간식을 먹을 경우에는 밥의 양을 줄이는 등 저녁 식사량 조절에 유념하자.

 POINT

간식은 정해진 시간에 일정한 양만큼 먹는다.

중요한 상대를
프랜차이즈 식당에 데려가지 않는다

● 지방 도시에 사는 당신은 중요한 비즈니스 파트너가 될 수도 있는 상대와 식사를 하게 되었다. 당신은 그 사람을 어떤 식당에 데려가겠는가? 어디를 예약했느냐에 따라 부자가 될 수 있을지 없을지 알 수 있다.

전국 어디에나 있는 프랜차이즈 식당을 선택한 사람은 부자가 될 수 없다. 프랜차이즈 식당 자체가 나쁜 것은 아니다. 나도 프랜차이즈 식당을 이용할 때가 종종 있다. 다만 내가 만약 지방에 살고 있다면 중요한 상대를 프랜차이즈 식당에 데려가지는 않는다. 프랜차이즈 식당의 메뉴는 전국 어디에서나 맛볼 수 있기 때문이다.

부자가 되는 사람은 그 지역의 토속 음식을 맛볼 수 있는 식당으로 예약한다. 강연을 하러 지방에 가면 종종 친목회나 식사 자리에 초대받는 일이 있는데 부자들이나 이른바 성공했다는 사람들은 그 지역에서만 먹을 수 있는 토속 음식 전문점으로 나를 데려간다. 고급 식당뿐만 아니라 서민적인 식당에도 '이름난 음식'이 반드시 있다. 초대받은 입장에서는 평소 먹기 힘든 식재와 요리를 맛보는 것은 설레는 한편 상대로부터 극진한 대접을 받는 기분이 드는 일이다.

식당 선택에는 상대를 '대접하는 마음'이 드러난다. 마음 씀씀이가 그러한 사람은 일을 할 때도 상대가 기뻐할 만한 일을 생각하며 행동하기 때문에 자연히 사람이 모여든다. 세상만사는 사람과 사람 사이의 일이기 때문에 주변에 사람이 많을수록 돈이 모이기도 쉽다.

식당 선택은 지방 도시뿐 아니라 대도시에서도 중요하다. 부자가 되는 사람은 친목회나 회식 장소를 선택할 때 '상대를 그 식당에 데려가는 이유'가 반드시 있다.

'이 고기 집은 다른 집에서 흔히 먹을 수 없는 특수 부위가 나온다.'

'이 식당은 유기농 채소만 사용한다.'

이처럼 "그래서 당신을 데리고 왔다"고 말할 수 있는 자기만의 기준이 있다. '모임 장소 근처라서', '마침 자리가 나서' 가는 경우는 없다. 물론 성의 없이 전국 어디에나 있는 프랜차이즈 식당을 고르지도 않는다.

온라인 이용 후기만으로 식당을 선택하지 않는다

똑똑한 부자가 되는 사람은 회식 장소를 고를 때 직접 가 보지 않은 곳은 일단 제외한다. 온라인상의 이용 후기가 좋아도 실제 그 음식점의 분위기나 요리 수준은 가 보지 않으면 알 수 없다. 설령 요리가 맛있어도 내부가 시끄러워 큰 소리로 대화해야 한다면 상대에게 좋지 않은 인상을 주게 될 수도 있다.

똑똑한 부자는 식당을 고를 때 모험을 하지 않는다. 자신의 단골 식당이나 직접 가 봤던 식당을 고른다. 경우에 따라서는 미리 답사를 다녀오기도 한다. '공간'의 중요성을 이해하기 때문이다. 협상 내용이 아무리 긍정적이어도 대화가 오가는 환경이 받쳐 주지 못하면 그만큼 전체적인 인상이 안 좋아진다.

내가 아는 부자 중에는 '초면인 사람은 고급 호텔 라운지', '중요한 계약은 자주 가는 커피숍'과 같은 식으로 자신의 홈그라운드가 있는 사람이 많다. 새로운 식당을 개척하는 것도 좋지만 홈그라운드라 할 수 있는 자기만의 식당과 같은 공간을 확보하는 것이 그보다 몇 배 더 중요하다.

 POINT

'공간'이 보장되는 홈그라운드를 확보한다.

제 **2** 장

똑똑한 부자는
이런 것에 돈을 쓰지 않는다

'브랜드'에 연연하지 않는다

명품 양복과 가방에 반짝반짝 빛나는 고급 구두. 손목시계는 누구나 아는 유명 브랜드. 브랜드 로고가 유독 돋보이는 지갑. '부자' 하면 이렇게 머리끝부터 발끝까지 고급 브랜드로 휘감은 모습을 떠올릴지 모른다.

"돈은 내가 제일 많지"라고 말하듯 온몸에 고급 브랜드를 걸치고 이른바 부자 포스를 풍기는 사람이 있다. 그러나 내 경험상 루이비통이나 구찌처럼 누구나 아는 고급 브랜드로 온몸을 치장한 사람은 똑똑한 부자가 아닌 경우가 많다. 물론 고급 브랜드 자체가 죄는 아니지만 한눈에 '아! 이거 명품이네' 하고 알 수 있는 것만 걸치는 사람은 갑자기 큰돈을 쥐게 된 '졸부'거나 허세를 부리기 위해 무리하는 '가짜 부자'일 확률이 높다.

똑똑한 부자 중에는 그런 사람이 의외로 적다. 물론 돈에 여유가 있기 때문에 명품을 걸칠 때도 있지만 대놓고 드러내는 연출은 하지 않는다.

내 주변의 똑똑한 부자들은 '고급 브랜드라서', '비싼 것을 걸쳐야 여자들에게 인기가 있어서' 따위를 기준으로 삼지 않는다. 브랜드 이미지보다는 '내가 원하는 것인가, 원치 않는 것인가'라는 독자적인 가치 기준에 따라 선택한다.

예를 들어 어떤 경영자는 유독 가죽 제품을 좋아해서 장인이 만든 가죽 지갑과 구두 등을 애용한다. 독보적인 기술을 보유한 장인이 직접 만든 유일무이한 제품을 소유하는 데 자신의 가치를 두고 있다. 장인이 혼을 담아 만드는 제품인 만큼 결코 저렴하지는 않다. 그럼에도 일반적으로 인지도 있는 브랜드는 아니기 때문에 대부분 비싼 물건이라는 것을 눈치 채지 못한다.

하지만 그 경영자는 직접 가죽 손질을 하는 등 제품에 애정을 갖고 소중하게 사용한다. 볼 줄 아는 사람은 '자기만의 취향이 확실하네. 좋은 물건을 걸치는구나'라고 생각할 것이다. 똑똑한 부자는 쇼핑할 때 브랜드에 연연하지 않는다.

가치 기준이 명확한 사람이 부자가 된다

부자가 되는 사람은 옷뿐 아니라 여러 면에서 독자적인 가치 기준에 따라 판단한다.

나는 담배를 끊은 후, 다른 사람이 피우는 담배 연기조차 싫어하는 체질이 되었다. 그래서 외식을 할 때도 기본적으로 전석 금연인 식당을 택한다. 아무리 음식이 맛있어도 담배 연기가 풍기면 기분이 나빠지고 돈 내는 것도 아깝게 느껴지기 때문이다. '그 정도는 좀 참아도 될 텐데'라고 생각하는 사람도 있겠지만 나에게는 담배 연기의 유무가 매우 중요한 가치 기준이다.

이해하지 못하는 사람에게는 단순히 고집쟁이처럼 보일 수도 있지만 부자가 되는 사람은 '고집'이나 '집착'과는 다른 일종의 '잣대'를 갖고 있다. 반대로 매사에 '아무거나' 좋다는 사람 중에는 부자가 별로 없다.

자기만의 잣대가 없다는 것은 본인의 가치 기준이 정해져 있지 않다는 증거이므로 선택이 필요한 상황에서 자기만의 잣대에 따라 결정하지 못한다. '어쨌든 명품이니까 괜찮겠지' 하고 세간의 의견이나 평가를 따른다.

일을 할 때도 남의 의견에 휘둘리면 경쟁자와 차별화될 수 없으며 자기만의 가치를 살리기 어렵다. 그런 사람은 기타 다수 중 하나일 뿐, 부자가 되지 못한다. 사업도 다른 회사의 성공 방법을 모방만 해서는 대박을 기대하기 어렵다.

그보다 자신이 정말 좋다고 믿는 것을 철저하게 파고드는 사람이 돈의 광맥을 캘 가능성이 높다. 그 전문성이 독보적인 부가 가치를 낳아 차별화가 가능해지면 경쟁 상대가 적어지기 때문이다. 따라서 자기의 생각과 판단 기준이 타인과 다른 것은 부자에 가까워지고 있는 증거라 할 수 있다.

그런 의미에서는 좋아하는 취미에 돈을 아끼지 않는 사람은 부자가 되기 쉬운 성격이라 할 수 있겠다. 반대로 만사에 넓고 얕게 광범위한 흥미를 갖고 있는 사람은 부자의 자리에서 점점 멀어진다.

똑똑한 부자는 돈을 쓸 때도 쉽게 양보하지 않는 독자적인 가치 기준이 있다. 따라서 그 기준을 침해당하면 돈과 시간을 쓰고 싶어 하지 않는다. 가치 기준이 정반대인 사람과는 함께 시간을 보내고 싶지 않은 것이다.

 POINT

부자는 고집스러울 만큼 독자적인 가치 기준이 있다.

'독학'을 고집하지 않는다

질문을 하나 하겠다. 당신은 건강과 다이어트를 위해 운동을 시작하기로 했다. 다음 중 무엇을 선택하겠는가?

- 돈이 들지 않는 걷기 운동이나 조깅을 시작한다.
- 매달 회비를 내고 헬스클럽에 등록하여 트레이너의 지도를 받는다.

똑똑한 부자가 되는 사람은 당연히 후자를 택한다. 돈이 들어도 회비를 내고 전담 트레이너에게 코치를 받으며 운동을 지속한다. 그 이유는 무엇일까? 걷기 운동이나 조깅은 돈이 안 드니까 저축도 할 수 있고 더 좋지 않을까?

이미 경험한 사람도 많겠지만 걷기 운동이나 조깅은 웬만한 의지 없이는 지속하기가 힘들다. 비가 온다거나 컨디

션이 조금만 안 좋아도 쉬어 버리고 만다. 한 번 그러기 시작하면 '일이 바빠서', '밥을 조금 먹으면 되니까' 등 온갖 핑계를 대다 결국에는 중도에 포기한다.

또한 트레이너가 없으면 자신에게 맞는 운동량과 정확한 운동 방법을 배울 수 없기 때문에 무릎이나 허리에 무리가 와서 운동을 못 하게 될 위험도 있다. 금전적인 손해는 없는 대신 '건강'과 '다이어트'라는 목표와는 멀어진다.

반면 헬스클럽에 가서 트레이너의 코치를 받으면 혼자 할 때보다 중도에 포기할 가능성이 훨씬 낮아진다. 가입비와 월 회비로 나간 돈을 생각해서라도 쉽게 포기하지 못한다. 게으름을 피우는 것은 곧 돈을 고스란히 버리는 것과 마찬가지기 때문이다. 내가 투자한 돈이 운동을 지속하는 동기가 된다.

헬스클럽의 가장 큰 장점은 트레이너에게 전문적인 코치를 받을 수 있다는 점이다. 자신의 체력과 근육에 알맞은 운동 코스와 건강 및 다이어트에 효과적인 운동법을 배울 수 있다. 돈을 쓴 대신 '건강한 몸 만들기'와 '다이어트'라는 최종 목표를 이룰 가능성은 높아진다. 즉 똑똑한 부자는 목표를 위해 돈을 써야 할 때는 제대로 '투자'를 한다.

돈의 용도는 세 가지로 나뉜다

똑똑한 부자는 돈을 쓸 때 '투자'의 개념을 강하게 의식한다. 돈의 용도는 '소비', '낭비', '투자'로 나뉜다.

'소비'는 생활에 필요한 돈이다. 식비, 주거비, 광열비, 교통비, 통신비 등 의식주에 지출되는 돈이 여기에 해당된다.

'낭비'는 헛되이 쓴 돈이다. 도박 자금, 비싼 술집에서 쓴 술값, 담뱃값, 옷장만 차지하고 있는 양복값 등이다.

'투자'는 자신의 미래를 위해 쓰는 돈이다. 예금, 도서 구입비, 세미나와 강연회 참가비, 자격시험 응시 비용, 그리고 주식처럼 자산 운용에 쓰는 돈도 투자에 해당한다. 또한 회식도 어떤 상대와 무슨 목적으로 하느냐에 따라 투자가 된다. 예를 들어 '이 사람에게 일과 인생이 잘 풀리는 비결을 배우고 싶다', '일적으로 신세질 수도 있으니 관계를 잘 다져 두자' 등의 목적이 있으면 투자로 분류할 수 있다.

똑똑한 부자는 목표가 생기면 이를 효율적으로 실현하기 위한 방법을 모색한다. 그리고 필요하다면 투자한다는 생각으로 아낌없이 돈을 지출한다. 골프도 혼자 무작정 공을 치는 것으로 시작하는 경우는 없다. 전문가에게 올바른 스윙 자세부터 익히는 것이 순서다. 레슨비는 들지만 독학으로 시작하는 것보다 실력은 훨씬 향상된다. 영어 회화도 수강료를 내고 학원에 다니거나 개인 과외를 받으면 학습 속도가 급속하게 빨라진다.

'저렴하거나 돈이 안 들어서' 독학을 고집하는 사람은 비즈니스를 비롯해 어떤 일이든 중도 포기하여 목표를 이루지 못할 가능성이 높다. 부자가 되고 싶다면 돈의 용도 중 '투자'를 특히 염두에 두어야 한다. 단, 투자한 돈이 제대로 회수되었는지 검증할 필요는 있다. 인맥을 넓힐 요량으로 술자리에 열심히 나갔는데 아무런 성과가 없으면 투자라할 수 없다. 투자는 회수하는 것이다. 아무 것이나 '투자'로 구분해서 돈을 지출하면 '낭비'가 되고 만다.

 POINT

똑똑한 부자는 투자를 염두에 두고 돈을 지출한다.

택시를 고집하지 않는다

부자의 이동 수단은 '택시'라고 생각하는 사람이 많다. 이른 시간에 움직여야 할 때는 확실히 도보나 버스보다 택시가 편리하다. 흔들리는 만원 전철보다 훨씬 쾌적한 것도 사실이다. 그러나 부자가 항상 택시만 타는 것은 아니다.

똑똑한 부자의 이동 수단은 그때그때 다르다. 비용 대비 효과를 생각해서 전철을 탈 때도 있고 가까운 거리는 걸어가기도 한다. 가령 한 정거장 정도를 이동할 때, 시간 여유가 있고 날씨가 괜찮다면 걸어서 간다. 나도 그렇지만 부자는 열이면 열 건강을 가장 중요하게 생각한다.

다음은 어느 부자의 사연이다. 그는 평생 일을 안 해도 될 만큼의 자산을 보유했지만 젊은 시절 당뇨병을 앓아 지금은 하루에 몇 번씩 인슐린 주사를 맞으며 살고 있다. 그래서 여행도 마음대로 못 다니고 식이 제한 때문에 좋아하는 음식도 마음껏 먹지 못한다. 그의 말을 나는 지금도 또렷이 기억한다.

"병만 낫는다면 먹고 살 만큼의 재산만 있어도 괜찮아."

아무리 돈이 많아도 건강을 잃으면 인생의 행복도가 낮아진다. 그래서 택시로 편안함을 추구하는 부자들이 의외로 적다. 가까운 거리는 걸어가고 승강기나 에스컬레이터 대신 일부러 계단을 오르내리며 하체를 단련하는 부자가 적지 않다. 젊은 나보다 하체가 훨씬 튼튼한 인생 선배들이 많다.

도쿄에서 시즈오카까지 택시로 이동한 부자

그렇다면 똑똑한 부자들은 언제 택시를 탈까? 비즈니스가 목적인 경우, 우선순위를 검토하여 정말 필요한 경우에만 택시를 이용한다.

어느 잘나가는 세미나 강사는 시즈오카 현에서 열리는 강연을 위해 신칸센으로 이동할 예정이었다. 그런데 기차를 타러 시내로 가던 중 차량 고장으로 신칸센 운행이 보류됐다는 소식을 들었다. 그러자 그 세미나 강사는 주저 없이 택시를 잡아타고 180킬로미터나 떨어진 시즈오카 현의 세미나 장소로 달려갔다고 한다. 그에게는 돈보다 고객의 신뢰가 더 높은 우선순위에 있었기 때문에 그와 같이 행동했을 것이다.

부자는 폭우가 쏟아져 고객의 사무실에 가는 도중 양복이 흠뻑 젖을 것 같으면 걸어서 몇 분 거리일지라도 주저 없이 택시를 이용한다. 양복이 젖으면 상대도 불쾌하고 본인도 중요한 상담이나 회의에 집중할 수 없기 때문이다.

똑똑한 부자는 우선순위를 고려해서 그때그때 이동 수단을 선택한다. 이러한 대처가 가능한 사람은 비즈니스를 할 때도 뛰어난 판단력을 발휘하여 많은 돈을 벌 수 있다.

 POINT

우선순위를 고려하여 필요한 경우 택시를 이용한다.

돈을 모으는 데만
집중하지 않는다

저축액이 늘어나는 것을 지켜보는 건 매우 뿌듯한 일이다. 나도 모르게 싱글벙글 미소가 지어진다. 그런데 '저축이 취미'라고 말할 정도로 저축하는 재미에 푹 빠져 사는 사람이 있다. 물론 그 마음은 이해한다. 하지만 돈을 모으기만 하고 잘 쓰지 않는 사람은 예금 잔고 덕에 작은 부자는 될지 몰라도 똑똑한 부자는 될 수 없다.

저축 없이 빚만 있는 것은 분명한 문제지만 '저축이 취미'인 것도 어떤 면에서는 위험하다. 왜냐하면 저축액을 늘리는 데서 즐거움을 찾는 사람은 그 돈이 줄어들 때 죄책감을 느끼거나 스트레스를 받기 때문이다. 계속해서 돈이 불어나지 않으면 왠지 죄책감이 느껴져서 무언가를 사느라 돈이 줄어드는 것을 용납하지 못한다.

물론 저축을 전혀 안 하는 것보다는 낫지만 잠깐이라도 돈이 줄어드는 것에 죄책감을 느끼는 사람은 돈을 쌓아 둔 채 인생을 끝낼 가능성이 높아진다. 그런 인생이 과연 행복할까? 나는 그렇게 생각하지 않는다. 돈을 쓰면서 얻을 수 있는 행복도 크기 때문이다.

부자가 되는 사람은 '투자'를 한다

내가 아는 똑똑한 부자들은 돈을 써야 할 일에는 제대로 쓴다. 그들은 단순히 저축액을 늘리는 것이 아닌 '내가 할 수 있는 것, 원하는 것을 이루기 위해' 돈을 불린다는 생각을 갖고 있다.

여러분도 인생에 대한 꿈과 비전이 있을 것이다. 예를 들어 회사나 복잡한 인간관계에서 벗어나 하고 싶은 일을 하며 가족과 많은 시간을 보내길 꿈꾸는 사람, 돈 스트레스에서 벗어나 천직이라 여길 만큼 좋아하는 일에 몰두하는 삶을 동경하는 사람도 있을 것이다. 이러한 미래를 손에 넣으려면 '소비'만으로는 어렵고 반드시 '투자'가 필요하다. 말 그대로 돈이 줄어들 위험을 감수하며 금융 상품에 '투자'하여 자산을 늘려야 한다.

또는 자격이나 기술 등 본인에게 투자해서 돈 버는 능력을 기르고 싶다면 수강료 지출 정도는 감수해야 한다. 부자가 되어 이상적인 인생을 손에 넣은 사람은 예외 없이 인생의 한 지점에서 '투자'의 위험을 감수한 사람들이다.

어쩌면 '저축이 취미'인 것은 '낭비가 취미'인 것보다 더 위험할 수도 있다. 낭비는 돈 쓰는 방법을 바꾸면 개선되지만 저축이 취미인 사람은 취미 그 자체를 개선하는 방법밖에 없기 때문이다. 똑똑한 부자가 되고 싶다면 돈을 불리는 방법뿐 아니라 제대로 쓰는 법도 배워야 한다.

 POINT ⋯⋯⋯⋯⋯⋯⋯⋯⋯⋯⋯⋯⋯⋯⋯⋯⋯⋯⋯⋯⋯⋯⋯⋯●
저축만 해서는 이상적인 인생을 얻을 수 없다.

치아 관리를
소홀히 하지 않는다

돈이 많아도 건강을 잃으면 행복한 인생이라 할 수 없다. 그래서 부자들은 건강에 관심을 기울이며 몸 관리를 소홀히 하지 않는다. 정기적으로 건강 검진을 받는 사람도 적지 않다. 그들에게는 너무나 당연한 일이다.

그리고 똑똑한 부자는 습관적으로 치아 상태를 확인한다. 단언컨대 부자가 되는 사람은 충치가 없다. 내 주위의 부자들도 충치는커녕 모두 깨끗하고 흰 치아를 갖고 있다. 다시 한 번 말하지만 부자가 되는 사람은 자기 관리를 철저히 하는 사람이다. 양치와 치아 관리를 게을리하지 않기 때문에 충치가 없다.

한편 자기 관리 능력이 떨어지는 사람은 음식을 잔뜩 먹고도 이를 잘 닦지 않는다. 게다가 치통이 있어도 치과를 찾지 않는다. 충치는 악화되고 결국 치아 상태가 전반적으로 안 좋아지게 된다.

빚에 허덕이던 뚱보 시절의 나도 충치가 몇 개 있었다. 자기 관리 없이 타성에 젖어 산 결과였다. 극단적으로 말하면 '충치를 방치하는 것'은 '빚더미에 오르는 것'과 같다. 치아 관리를 게을리 하면 충치가 생기는 것처럼 내키는 대로 쇼핑을 하고 제대로 돈을 관리하지 않으면 빚이 눈더미처럼 불어나기 시작한다.

똑똑한 부자는 정기적으로 치과 검진을 받는다

서른 살 이후로는 나도 모든 충치를 치료하고 정기적으로 치과 검진을 받고 있다. 지금은 석 달에 한 번 꼴로 치아 상태를 확인한다. 마치 머리카락을 자르러 가는 것과 비슷하다.

치석을 제거하고 클리닝을 받으면 충치는 물론 무서운 치주 질환을 예방할 수 있다. 의학적으로 치주 질환은 당뇨병, 심질환, 폐렴 등 내장 질환을 유발한다고 알려져 있다. 치아 관리는 몸 전체를 관리하는 것과 같다.

NHK의 〈아사이치〉라는 프로그램에서 60대 이상을 대상으로 한 '젊은 시절로 돌아가면 어디에 돈을 투자할 것인가?'라는 설문 조사의 결과를 발표했다. 가장 많은 답변은 '치아 관리'였다. 젊을 때는 치아의 소중함이 크게 와 닿지 않을 수도 있다. 그러나 자신의 치아로 음식을 씹는 기쁨은 무엇과도 바꿀 수 없다. 오랫동안 치과에 가지 않았다면 지금 당장 치과 의사에게 진료를 받도록 하자.

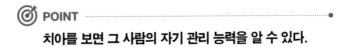

POINT

치아를 보면 그 사람의 자기 관리 능력을 알 수 있다.

'소유'를 중시하지 않는다

똑똑한 부자는 물건에 집착하지 않는다. '내 것'이라는 것에 별로 가치를 두지 않는다. 부자는 모두 고급 승용차를 탄다고 생각하기 쉽다. 하지만 그들은 의외로 차에 연연하지 않으며 특히 도심에 살면 대중교통 덕분에 렌터카로 충분하다고 생각하는 사람도 적지 않다. 실제로 차량 유지비(주차비, 검사비, 보험료)를 생각하면 필요할 때마다 빌려 타는 렌터카가 더 저렴하다.

인생에서 소유 여부로 가장 큰 고민에 빠지게 되는 것이 '집'이다. 우리 부모님 세대는 '집은 반드시 사야 하며, 집이 있어야 비로소 인간으로서 제 몫을 하는 것'이라는 생각이 강했다. 우리 세대에도 남의 집에 비싼 집세를 내며 사는 것보다 대출을 받아 구입하는 편이 더 이득이라고 생각하는 사람이 많고 실제로 30년 또는 35년짜리 장기 대출을 받아 주택을 구입하는 사람도 적지 않다.

그러나 똑똑한 부자는 집에 관해서도 '소유'의 가치관을 별로 중시하지 않는다. 물론 대출 없이 집을 구매할 수 있을 만큼 자산을 보유한 부자나 투자 대상으로서 집을 구입하는 투자가는 별개지만 똑똑한 부자 중에는 일부러 임대 주택에 사는 사람도 많다. 왜일까?

똑똑한 부자는 인생의 변화무쌍함을 이해하기 때문이다. 대출을 받아 집을 구매하는 사람은 앞으로 월급이 조금씩 인상된다는 전제하에 이 같은 결정을 내린다. 그러나 예상대로 월급이 계속 인상된다는 보장은 어디에도 없다. 20~30년 앞을 내다볼 수 있는 사람이 어디 있겠는가. 구조 조정을 당해 한직으로 밀려날 수도 있고 다니던 회사가 파산할 가능성도 있다. 불행하게도 병에 걸려 일을 못하게 될 수도 있다. 인생은 마라톤과 같아서 앞으로 무슨 일이 일어나든 놀라울 것이 없다.

그리고 대출을 받으면 부자가 되는 데 필요한 종잣돈을 잃는 치명적인 단점이 있다. 부자가 되려면 '투자'가 필요하다. 그런데 갖고 있는 돈을 대출 상환에 써 버리면 정작 투자할 돈이 없어 부자가 될 기회를 놓친다. 즉 대출을 갚다 인생이 끝난다.

똑똑한 부자는 인생은 제행무상諸行無常(우주의 모든 사물은 늘 돌고 변하여 한 모양으로 머물러 있지 않음_역자 주)이라는 전제하에 인생을 설계한다. 즉 언제 무슨 일이 닥치든 바로 대응할 수 있도록 얽매이지 않는 상태를 지향하며 산다. 그래서 대출을 받아 집을 사는 대신 주택을 임대하여 생활한다. 집을 소유하는 것은 인생의 족쇄가 될 수 있다고 생각하기 때문이다. 만약 수입이 줄어들어도 줄어든 소득에 맞는 집으로 이사하면 어려움에 처할 일이 없다.

배우자에게 집에 대한 가치관을 미리 밝힌다

대출을 받아 집을 사도 괜찮은 경우는 제한적이다.

- 20~30년 후까지의 수입을 예측해서 계속 갚아 나갈 수 있는 경우

- 대출이 없어도 될 만큼 자산을 보유한 경우 또는 상당한 액수의 계약금을 지불할 능력이 되어 대출을 적게 받은 경우

- 30~40년 후에도 계속 같은 집에 살기로 한 경우

즉 대출을 받아도 괜찮은 경우는 거의 없다. 그렇다면 이미 대출을 갚고 있는 사람은 어떻게 해야 할까? 냉정하게 들리겠지만 열심히 갚는 수밖에 없다. 기한보다 빨리 갚고 홀가분해지는 수밖에 없다.

그리고 본인은 임대 주택을 선호해도 배우자가 생기면 혼자 결정할 수 없는 상황이 발생한다. "다른 사람들도 다 자기 집에서 사는데 우리도…" 하고 배우자가 주도해서 집을 사 버리는 경우도 있다. 집을 소유하는 것의 단점을 배우자가 부정적으로 받아들인다면 사전에 집을 소유할 생각이 없음을 명확하게 전달해서 승낙을 얻는 것이 중요하다.

 POINT
똑똑한 부자는 인생의 변화무쌍함을 이해한다.

'쾌적함'만은
양보하지 않는다

도심과 교외, 어디서 살지 선택하는 것은 매우 중요한 문제다. 많은 사람이 현재 수입에 맞춰 거주할 지역을 선택한다. 물론 수입이 적은데 고급 주택에 살면 안 되겠지만 똑똑한 부자는 수입과 집세만을 기준으로 거주지를 선택하지 않는다. '쾌적하게 일할 수 있는 환경'도 중요한 기준으로 삼는다.

부자는 누구보다 열심히, 바쁘게 일해야 하기 때문이다. 부자가 되면 여유가 생기는 것이지 여유를 부리면서 부자가 되는 사람은 없다. 특히 한창 바쁜 젊은 세대는 직장에서 대부분의 시간을 보내고 집에서는 거의 잠만 잔다. '자연에 둘러싸인 교외에서 아이를 키우겠다'는 명확한 방침이 있으면 몰라도 부자가 되고 싶다면 '직장과 가까운 집'이 단연코

유리하다.

　가령 직장에서 전철로 한 시간 거리의 교외에 산다고 치면 하루에 두 시간은 통근에 허비하게 된다. 통근 중에 앉아서 일을 하거나 책을 읽을 수 있으면 그나마 다행이지만 반드시 앉아서 간다는 보장은 없다. 시간과 장소에 따라서는 만원 전철 안에서 불쾌한 시간을 보낼 가능성도 높아 통근하는 것만으로도 지쳐 버릴 수 있다. 막차 시간이 가까워질 때까지 일을 하면 집에 도착했을 때는 이미 자정이다. 다음날도 일찍 출근해야 하기 때문에 아무래도 수면 시간이 줄어든다.

통근 전철 안에 있는 시간은 아무런 가치도 없다

반면, 직장에서 15분 거리의 집에 살 경우, 그 쾌적함은 하늘과 땅 차이다. 통근 시간이 짧으면 그만큼 집에서 쉴 수 있는 시간이 늘고 만원 전철에서 피로에 찌들어 스트레스를 받을 일도 없다. 다음날을 준비하며 여유롭게 몸과 마음의 피로를 풀 수도 있다.

　똑똑한 부자는 모든 힘을 일에 집중해야 가치를 낳을 수 있다는 것을 잘 안다. 이를 위해서는 느긋하게 쉴 수 있는 환경에서 충분한 휴식을 취해야 한다는 것도 충분히 이해한다. 따라서 집세가 싸든 비싸든 직장에서 가까운 곳에 집을 얻는다. 당장의 집세만 생각하면 단기적 지출은 많겠지만 멀리 내다보면 집세가 다소 비싸도 그만큼 '일에 쾌적하게 몰두할 수 있는 환경'을 얻을 수 있다. 통근 시간은 아무런 가치가 없다는 것을 염두에 두고 집을 알아보자.

 POINT

똑똑한 부자는 '직장과 가까운 집'을 중시한다.

제 **3** 장

똑똑한 부자는
이렇게 일하지 않는다

'개인 시간'을
낭비하지 않는다

과거와 달리 요즘은 장시간 노동이 칭찬받는 시대가 아니다. 기업들이 인건비 절감을 위해 야근 시간을 줄이려는 추세이므로 이전보다 직장인에게 더 높은 생산성과 효율성이 요구되고 있다.

그러나 현실은 어떤가? 정시 퇴근은 말처럼 쉽지 않다. 적은 인원이 많은 일을 해야 하는 직장 또는 상사와 부하 직원이 서로 눈치를 보느라 일찍 퇴근하기 어려운 직장도 있다. 그나마 야근 수당이 나오면 다행이다. 대다수 중소기업은 야근 수당도 없는 것이 현실이다.

당신도 야근을 당연히 여기며 체념하고 있는지도 모르겠다. 그런데 매일 습관적으로 야근을 하는 한 똑똑한 부자가될 수 없다. 야근을 습관적으로 한다는 것은 시간 관리를 제대로 안 한다는 증거다. 즉 자기 관리 능력이 떨어지는 것이다.

시간 관리를 잘 못하고 수당이 없는 야근을 당연히 여기는 사람은 우선 자신의 월급을 시급으로 환산해서 생각해 보자. 한 달 월급을 실제 근무 시간으로 나누는 것이다.

예를 들어 당신이 월 30만 엔의 월급을 받는다 치자. 근무 일수는 22일, 근무 시간은 하루에 8시간이다. 거기에 매일 3시간 수당 없는 야근을 하고 있다. 이것을 시급으로 환산하면 약 1,240엔. 일본에서는 심야 시간대의 편의점 아르바이트나 패밀리 레스토랑 아르바이트의 시급과 별 차이가 없다. 이렇게 벌어서 똑똑한 부자가 된다는 것은 어불성설이다.

그럼 어떻게 해야 할까? 결론은 철저한 자기 관리뿐이다. 정해진 시간 안에 일을 마치고 정시에 퇴근한다. 물론 모든 야근을 부정하는 것은 아니다. 일을 하다 보면 부탁받은 일이 안 끝날 때도 있고 중요한 프로젝트를 앞둔 때 같은 정말 중요한 상황에서는 야근도 불사하는 자세가 필요하다. 때로는 수당 없는 야근을 해야 할 때도 있다. 다만 야근을 당연히 여기는 한 부자는 될 수 없다.

똑똑한 부자는 미래를 위한 '투자' 시간을 확보한다

똑똑한 부자가 되는 사람은 '업무 시간'과 더불어 '개인 시간'도 소중히 여긴다. 그렇기 때문에 수당 없는 야근은 '개인 시간을 희생하는 것'으로 생각한다.

앞에서 돈의 용도가 '낭비'와 '투자'로 나뉜다고 했듯이 시간의 용도 또한 '낭비'와 '투자'로 구분해 생각할 수 있다. 낮에는 설렁설렁 일하다 수당도 안 나오는 야근을 하는 것은 명백한 시간 '낭비'다.

반면 자신의 미래를 위해 기술을 익히는 것, 외국어나 전문 지식을 배우는 것, 인맥을 넓히기 위해 교류 모임이나 세미나에 참석하는 것, 체력 관리를 위해 운동을 하거나 휴식 시간을 갖는 것은 모두 시간 '투자'라 할 수 있다.

부자가 되는 사람은 '개인 시간'을 이와 같이 알차게 '투자'한다. 투자 시간의 확보야말로 부자가 되는 왕도라는 것을 알기 때문이다. 수당도 없는 야근을 당연하게 여기는 사람이라면 자신의 업무 방식을 재검토해 보자.

근무 시간에 집중하고 있는가? '야근하면서 끝내지 뭐' 하고 설렁설렁 일하고 있지는 않은가? 단순히 '상사보다 먼저 퇴근하기 눈치 보여서' 야근을 하고 있지는 않은가? 늦게까지 일하고 노력하는 자신의 모습이 멋있다고 생각하고 있지 않은가?

곰곰이 생각해 보면 정말 필요한 야근은 의외로 적다는 것을 알 수 있다. 그동안 회사에 뺏긴 내 시간을 되찾고 정시에 퇴근하는 생활을 시작해 보자. 정시에 퇴근하면 미래를 위해 '투자'할 수 있는 시간이 확보된다는 점 외에도 여러 가지 장점이 있다.

일찍 퇴근하면 일찍 잘 수 있고 당연히 일찍 일어나게 된다. 아침형 인간이 되면 아침 시간을 효율적으로 활용할 수 있고 오전부터 업무에 집중할 수 있다. 늦게까지 회사에 남아 있는 일이 없어지면 스트레스 해소를 위해 술을 마시거나 밤에 놀러 다닐 일도 없어지기 때문에 불필요한 지출이 줄어든다. 건강도 지갑 사정도 좋아진다.

이처럼 바람직한 리듬이 생활 속에 침투하면 모든 면에서 자기 관리가 쉬워지고 돈을 잘 모으는 체질로 바뀐다.

◎ POINT ·····································•

업무 시간뿐 아니라 자신에게 투자하는 시간도 소중히 여긴다.

'못하는 일'을 반드시
잘 해내려고 애쓰지 않는다

여러분의 직장 동료 중에는 무슨 일이든 요령 있게 해내는 재주꾼이 한 명씩 있을 것이다. 당연히 그런 사람은 상사의 사랑을 독차지하며 여러 가지 일을 맡는다. 물론 요령 좋게 일하는 것은 나쁜 일이 아니다. 다만 그 능력 때문에 안 해도 될 일까지 떠맡는 사람은 부자에서 멀어지게 된다. 똑똑한 부자일수록 잘하는 일에 초점을 맞추기 때문이다. 부자가 되는 사람은 반드시 '이것만큼은 내가 최고'라고 생각하는 분야가 있다.

잘하는 것이 여러 분야에 걸쳐 있지 않아도 된다. 투자를 하여 성공했다고 해서 주식 투자, 부동산 투자, 외환 투자 등 모든 분야에서 자산을 쌓는 사람은 없다.

세계 부호 순위 1위에 빛나는 유명한 투자가 워런 버핏도 자신의 특기인 주식 장기 투자 외 다른 투자에는 전혀 손을 대지 않는다. 내가 아는 경영자 중에도 자신의 사업에 대해서는 누구보다 정통하지만 그 외의 분야는 문외한인 경우가 적지 않다. 요즘 세상에 DVD 대여 방법을 몰라 진땀을 뺐다는 부자가 있을 정도다.

부자는 '무슨 일이든 다 해내는 슈퍼맨'이라고 생각하는 사람이 있을지도 모르겠다. 하지만 현실은 다르다. 본인이 잘하는 것과 못하는 것을 파악하여 못하는 일은 과감하게 버린다. 그리고 잘하는 일에 시간을 투자한다. 그런 식으로 전문성을 기르고 다른 이와 차별화함으로써 더욱 많은 돈을 벌어들인다.

잘하는 일에 집중하면 회사에 기여할 수 있다

회사에 갓 들어온 신입 사원은 대부분 자신이 어떤 분야에서 뛰어난지 모른다. 그때는 일을 가리지 말고 무슨 일이든 적극적으로 도전하는 자세가 중요하다. 일을 하다 보면 '잘되는 일과 잘 안 되는 일'이 점점 눈에 들어온다.

이때 부자가 되는 사람은 잘하는 일을 더욱 잘하기 위해 노력한다. 반면 부자가 되지 못하는 사람은 못하는 일을 잘 해내려고 기를 쓴다.

내가 보험 대리점에서 일하던 시절의 일이다. 나는 자동차 사고 보험을 담당하는 부서에서 일했었다. 누가 어떤 사고의 처리를 담당할 것인지는 상사가 배정해 주기 때문에 기본적으로는 지시에 따라 사고를 처리하는데, 자동차 보험이나 사고에는 여러 가지 패턴과 종류가 있어서 잘 해결되는 사고가 있는가 하면 시간도 오래 걸리고 해결하기 어려운 사고도 있다.

나는 여러 가지 사고를 접하는 과정에서 내가 잘 처리할 수 있는 사고와 그렇지 않은 사고를 확실히 구분할 수 있게 되었다. 그 후 자신 없는 유형의 사고 처리가 배정되면 상사에게 내 생각을 솔직하게 말했다. 그것이 결과적으로 그 사고를 더 빠르게 처리하는 방법이자 회사에 기여하는 길이라고 생각했기 때문이다.

물론 일을 골라서 하는 것처럼 보이면 안 되기 때문에 "그래도 OO 유형의 사고는 자신 있습니다. 전부 저에게 맡겨 주십시오"라고 적극적인 자세로 신속하게 처리했다.

보험 회사에서 하는 일은 팀플레이 성격이 강해서 잘하는 일에 집중하는 편이 팀 전체의 효율성을 높이는 데 효과적이다. 또한 그것이 곧 부서의 성과로 이어진다. 다행히 그런 부분을 이해해 주는 상사였기 때문에 나는 내가 잘할 수 있는 것이 무엇인지 적극적으로 밝혔고 그 방면에서는 전문가라고 불릴 만큼 지식과 경험을 쌓을 수 있었다. 이후 높은 실적을 올리게 된 것은 말할 것도 없다.

회사에서 독립하여 창업에 성공한 사람은 자신의 축이라 할 수 있는 특기 분야를 찾아내 거기에 집중해야 한다. 잘 모르거나 해결할 수 없는 일은 분업하여 과감하게 다른 사람에게 맡긴다. 예를 들어 기획과 아이디어를 내는 데 자신 있는 사람은 거기에 초점을 맞추고 영업이나 경리 같은 업무는 다른 사람을 고용하거나 전문 회사에 외주로 맡기는 것이다.

당신의 특기 분야는 무엇인가? 바로 떠오르지 않는다면 '부탁해야 할 일이 있을 때 찾게 되는 OO 씨'가 당신일 가능성이 높다. 우선은 잘 못하는 일을 손에서 놓아 보자. 그것이 가능해야 똑똑한 부자가 될 수 있다.

 POINT

잘 못하는 일보다는 잘하는 일에 초점을 맞춘다.

정보를 흘려듣지 않는다

　　강연회나 세미나에서 만난 사람들과 얘기하다 보면 종종 강사인 나보다 새로운 금융 상품과 경제 뉴스에 해박한 사람을 만날 때가 있다. 그럴 때면 그들의 지식이 상당히 전문적이어서 오히려 내가 쩔쩔맬 때가 있는데 "그럼 투자는 잘 되고 있습니까?"라고 물어보면 정작 자산 운용은 잘 안 되고 있다는 경우가 많다. 정보에 밝은 것과 부자가 되는 것은 정비례 관계가 아니다.

　　물론 정보를 모르는 것보다는 아는 것이 낫다. 뉴스나 인터넷에서 적극적으로 정보를 수집하는 태도를 비판하는 것이 아니다. 그러나 정보를 '아는 것'에서 그치면 아무 의미가 없다. 그것을 활용할 때야 비로소 돈과 바꿀 수 있다.

　　예를 들면 '알코올 도수 1퍼센트인 술이 인기'라는 뉴스를 들었을 때, 그냥 '아, 그렇구나. 한번 마셔 볼까?'라는 생각에서 멈추면 비즈니스와 돈, 어느 쪽으로도 발전되지 않는다. 부자가 되는 사람은 같은 뉴스를 들었을 때 이 정보를 어떻게 활용할 수 있을지 생각한다. 가령 다음과 같은 식이다.

저알코올 음료라면 여성도 가볍게 마실 수 있다.

음주하는 여성이 늘어서 주류 소비자의 저변이 확대된다.

여성들이 즐겨 가는 카페에서 저알코올 음료가 정식 메뉴가 될 수도 있다.

인터넷에 음주 가능한 카페의 정보를 제공해 보자.

이런 아이디어의 실효성은 차치하고라도 똑똑한 부자는 정보를 자기 입장에 대입해 생각하는 습관이 있다. 아무리 금융 상품의 정보를 많이 알고 경제 뉴스를 매일 읽어도 거기서 그치면 아무 의미가 없다. 나라면 어떻게 할 것인가, 즉 내 입장에서 생각해 보지 않으면 정보는 그냥 흘러갈 뿐이다.

정보를 무턱대고 받아들여서는 안 된다

똑똑한 부자는 뉴스나 인터넷에서 관심 있는 정보를 접했을 때 무턱대고 받아들이지 않는다. 부지런히 그 정보의 진위를 가리는 작업에 착수한다.

'알코올 도수 1퍼센트인 술이 인기'라는 뉴스를 접했다면 직접 사서 마셔 보거나 그 상품을 마셔 본 여성의 의견을 들어 본다. 그 결과 실제로 음주 가능한 카페의 정보를 인터넷에 제공한다는 아이디어가 잘 통할 것 같다는 판단이 서면 인터넷에 정통한 사람을 찾아가 유사 사이트는 없는지, 어떤 정보를 제공해야 조회 수를 늘릴 수 있는지 상담하고 조언을 구한다. 그러한 과정을 거침으로써 비로소 아이디어가 결실을 맺을 수 있다.

반대로 정보를 무턱대고 받아들이는 사람은 무슨 일을 해도 실패할 가능성이 높다. 가령 주식 투자를 해도 경제 전문지에 '주목받는 추천 종목'으로 소개되었다는 이유만으로 매수한다. 그 기업이나 업계에 대해 전혀 모르면 주가 변동이 있을 때 실제로 그 주가가 올랐는지 떨어졌는지 판단할 수 없기 때문에 손해 볼 가능성이 높다.

똑똑한 사람이라면 그 기업과 업계에 정통한 사람에게

직접 조언을 구하거나 세미나 등에 가서 확인하는 절차를 거친다.

부자에게는 정보 네트워크가 있다

하지만 정보와 의견을 물어볼 지인이 없는 경우도 있다. 자세한 정보를 알고 싶을 때 편하게 연락할 네트워크가 있으면 확실히 편리하다. 사실 부자는 대부분 자신의 전문 분야 외의 정보를 얻는 네트워크가 있다. 어떻게 하면 그러한 네트워크를 확보할 수 있을까?

똑똑한 부자는 대부분 자신의 전문 분야가 있으며 거기서 걸출한 성과를 내서 부가 가치가 높은 일을 한다. 전문 분야가 있으면 가만히 있어도 그 분야의 정보가 들어오고 뉴스나 인터넷에 나오지 않는 살아 있는 정보에도 밝아진다.

이처럼 전문성 있고 부가 가치가 있는 정보는 '교환'이 가능하다. 자기의 고급 정보를 다른 이에게 제공하는 대신 비전문 분야에 대해서는 거기에 정통한 사람으로부터 정보를 얻을 수 있다.

정보를 요구만 하는 사람에게는 가치 있는 정보가 들어오지 않는다. 부자는 자신이 제공할 수 있는 고급 정보가 있기 때문에 각종 비전문 분야의 정보를 얻을 수 있고 그 것을 돈과 비즈니스로 바꿀 수 있다.

정보는 일방적으로 얻는 것이 아니라 교환하는 것이다. 부 자가 되고 싶다면 먼저 자신의 주력 분야를 확보해야 한다.

 POINT

정보는 '아는' 것이 아니라 '활용하는' 것이다.

자격증으로
돈을 벌려 하지 않는다

돈에 관한 강연회를 하다 보면 이런 질문을 받을 때가 있다.

"재무 설계사 자격증을 따면 부자가 될 수 있을까요?"

미안하지만 이런 질문을 하는 사람은 부자가 될 가능성이 매우 낮다. 재무 설계사 공부를 통해 돈에 관한 지식을 폭넓게 배우는 것은 좋다. 금융계에서 일하는 사람이 그 자격증을 따서 경력과 수입을 늘리는 데 활용한다면 의미가 있을 것이다. 그러나 재무 설계사 자격증을 딴다고 해서 저절로 부자가 되는 것은 아니다. 실제로 재무 설계사 자격증이 있는 부자는 별로 없다.

MBA도 마찬가지다. MBA 학위를 취득하고도 일에 활용하지 않는 사람, 부자와는 거리가 먼 사람을 여러 명 보았다. 의사나 변호사처럼 자격증이 반드시 필요한 직업 외에 이 세상의 자격증은 대부분 보유하는 것만으로는 부자가 되지 않는다.

지식 습득보다 중요한 것은 생생한 체험이다. 부자가 되기 위해 재무 설계사 자격증 취득을 목표로 하고 있다면 흥미 있는 금융 상품을 직접 사 보자. 몇 년 씩 공부만 하는 것보다 실제 체험을 통해 자산 운용 원칙과 규칙을 배우는 것이 몇 배는 더 빠르게 부자에 가까워질 수 있는 길이다.

물론 실패할 때도 있겠지만 성공과 실패를 반복하며 몸에 익힌 지식은 산지식이 된다. 결코 자격 취득을 위한 교재에서는 배울 수 없는 것들로 가득하다.

자신이 잘하는 분야의 자격증을 취득한다

경력을 쌓기 위해 자격증을 따려는 사람이 적지 않다. 물론 더 많은 커리어와 능력을 보유한 사람이 부자에 가까워지는 것은 틀림없다. 그러나 어떤 분야에서 어떤 커리어를 쌓을 것인지 확실하게 정하지 않으면 반드시 실패한다. '영어를 잘해야 비즈니스에 유리하다', '중국어를 잘하면 장차 도움이 될지도 모른다', 'OO 씨가 MBA를 취득했으니 나도 해야지'와 같이 막연한 이유로 자격증을 따는 유형이다.

영어나 중국어를 잘하게 되면 더없이 좋겠지만 그것을 활용할 수 있는 직종에서 일한다는 보장도 없고, 함께 일하는 동료가 영어나 중국어를 잘한다면 불필요한 능력이 된다. 당연히 수입도 늘지 않는다.

커리어를 위한 자격증은 자신이 잘하는 분야나 좋아하는 분야에서 따는 것이 바람직하다. 예를 들어 경리 업무에 자신 있으면 회계사나 세무사 자격증을 목표로 하는 것이 좋고, 네일 아티스트로서 활약하고 싶으면 최근 급증하는 중국인 관광객을 공략하는 차원에서 중국어를 배우는 것이다. 국내 고객을 상대하는 네일숍은 포화 상태지만 중국인 손님을 위한 네일숍은 별로 없기 때문에 순식간에 시장이 넓어질 것이다.

똑똑한 부자가 되는 사람은 '좋은 평가를 얻을 수 있어서', '다른 사람도 하니까' 같은 이유로 자격증을 취득하지 않는다. 자신이 하는 일에 필요하기 때문에 취득할 뿐이다.

 POINT

자격증이 있다고 해서 부자가 되지는 않는다.

계획을 허술하게
세우지 않는다

내가 직접 세미나나 강연회를 주최하고 참석자 모집 광고를 내면 유료임에도 불구하고 금세 70~80퍼센트의 좌석이 찬다. 내 인기를 자랑하려는 것이 아니다. 사실은 고객을 확보하기 위해 뒤에서 그만큼 땀을 흘리고 있다. 치밀한 사전 준비를 하기 때문에 단기간에 고객을 모을 수 있다.

예를 들어 50명의 유료 참석자가 필요한 강연회를 개최한다고 하자. 우선 강연회 날짜에서 역산하여 대대적으로 공지할 날짜를 정한다. 그리고 그 날짜에 맞춰 강연 주제에 흥미를 느낄 만한 사람, 그동안 재무 상담에 참여한 고객 등에게 강연 내용을 미리 알린다.

그런 사전 작업이 있기 때문에 공지하자마자 약 40명의 신청이 접수된다. 나머지 10명은 불특정 다수를 위한 것이지만 인원수가 적어 금세 채워진다.

유료 세미나를 개최할 때 초보자가 실패하는 가장 큰 이유는 사전 작업 없이 광고를 하기 때문이다. 누구나 알 만한 유명인이 아니면 모객은 쉽지 않다. 나도 사전 작업 없이 50명, 100명을 모아야 한다면 고전을 면치 못할 것이다.

이러한 준비가 없으면 세미나 전날 빈자리 때문에 속이 탈게 뻔하다. 결국 울며 겨자 먹기로 지인 위주의 공짜 손님들을 초대하면 수익이 발생하기는커녕 지인에게 빈축만 사고 말 것이다.

계획은 구체적인 숫자로 구현한다

일도 마찬가지다. '어떻게든 되겠지', '이번 달에는 아마 매출을 달성할 수 있을 거야' 같은 막연한 믿음으로 계획성 없이 일하는 사람은 기한이 임박해 허둥댈 수밖에 없다.

계획은 가급적 숫자로 표현하는 것이 바람직하다. 가령 영업부에는 매출 목표라는 것이 있다. 기한 하루 전에 갑자기 큰 주문이 들어올 가능성은 없기 때문에 매일 꾸준히 매출을 올려야 한다. '일주일 후에는 100만 엔, 2주일 후에는 200만 엔…'과 같은 식으로 계획을 구체적으로 세움으로써 최종 목표에 도달할 수 있다.

'일주일 후 100만 엔 달성'이라는 계획이 세워지면 자연히 '하루에 단골 거래처 세 곳을 돌아야 한다', '신규 거래처를 확보하려면 하루 30건의 전화를 걸어야 한다'와 같이 하루에 해야 할 일이 정해진다.

다이어트를 할 때도 매일 몸무게를 재서 증감을 파악하는 자기 관리가 필요하듯이 일을 할 때도 해야 할 일을 하루 단위로 관리함으로써 원하는 결과에 조금씩 다가갈 수 있다. 똑똑한 부자는 '허술하게' 일하지 않는다. '치밀하게' 계획을 세우고 차근차근 실행한다.

 POINT

계획을 성공시키기 위해서는 철저한 사전 준비가 필요하다.

메일에 바로
회신하지 않는다

일을 잘하는 사람일수록 메일을 받았을 때 빨리 회신한다고 생각하는 사람이 많다. 실제로 메일 회신은 빠른 편이 낫고 급한 용건은 가급적 바로 답변을 해야 상대도 안심할 수 있다.

그렇다고 메일함을 10분 간격으로 확인하며 수시로 회신하면 업무 집중도가 떨어진다. 메일은 어디까지나 연락 수단이며 메일을 많이 보낸다고 해서 수입이 늘지도 않는다.

앞에서 똑똑한 부자는 하루의 리듬이 깨지는 것을 싫어한다고 언급한 바 있다. 그것은 일도 마찬가지다. 일도 일정한 리듬을 유지할 때 집중력이 발휘되고 업무의 질을 높일 수 있다. 따라서 똑똑한 부자는 메일에 회신하는 시간을 하루에 한 번 내지 두 번(아침과 오후 등)으로 정해 놓는 경우가 많다.

회신 시간을 정하면 일의 흐름이 흐트러지지 않는다. 긴
급한 용건이라면 상대방이 전화나 다른 방법으로 연락해 올
것이다. 하루의 유예 기간도 주지 않는 용건은 거의 없다.

나도 메일 회신은 이른 오전 한 번만 하는 것으로 정해
놓고 있다. 줄곧 이 규칙을 유지하고 있지만 그것 때문에 곤
란했던 적은 없었다.

메일 내용이 궁금해지면 집중력이 떨어진다

오전 중의 1차 메일 회신 시간은 업무 모드로 들어가는 스
위치 역할을 한다. 메일 회신이라는 실무에 돌입함으로써
몸과 머리가 워밍업이 되면서 업무 모드로 전환된다. 그리
고 회신이 모두 끝날 때쯤에는 '좋아, 오늘도 잘해 보자!'라
고 스스로를 북돋우며 다음 일에 집중할 수 있다.

인간이 집중력을 지속할 수 있는 시간은 45분에서 90
분 사이라고 한다. 내 경험상으로도 하루 동안 어떤 일에
완전히 몰두하는 시간은 그리 길지 않다.

똑똑한 부자는 그것을 잘 알기 때문에 집중력이 가장 높
아지고 한 가지에만 몰두할 수 있는 '구간'을 의도적으로 만

든다. 그리고 그 '구간'에 들어서면 향후 전략, 기획, 아이디어 등 머리를 써야 하는 중요한 일에 몰두한다.

'구간'에 들어서는 시간대는 사람마다 다르다. 내 경우에는 메일 송신 후인 오전 시간대인데 사람에 따라 밤에 생산성이 높아지는 경우도 있다.

하루 종일 메일을 주고받는 사람은 업무에 집중하는 '구간'을 만들기 어렵다. 모처럼 집중하고 있어도 메일이 오면 내용이 궁금해져 바로 집중력이 흐트러지고 만다. 이래서는 업무의 질을 높일 수 없다.

어떤 부유한 투자가는 중요한 투자 안건에 대해 판단해야 할 때는 스마트폰이나 컴퓨터, 심지어 유선 전화도 없는 방에 틀어박혀 그 일에만 집중한다고 한다.

메일은 바로 회신하지 말고 하루에 한 번 몰아서 한다. 그렇게 정해 두면 의외로 메일 내용이 궁금해지지 않는다. 메일 회신보다 더 중요한 일에 집중함으로써 똑똑한 부자에 가까워질 수 있다.

⊙ POINT

똑똑한 부자는 집중할 수 있는 '구간'을 의도적으로 만든다

쉬는 날에도
완전히 일을 놓지 않는다

'부자는 일을 안 한다.'

이렇게 생각하는 사람도 있을 텐데 이는 일부 자산가에게만 해당하는 이야기다. 부자는 대부분 일을 좋아하며 일을 통해 보람을 느낀다.

그래서 열심히 일하지 않아도 될 만큼 불로소득이 있는 부동산 투자가도 더 좋은 물건을 찾아 방방곡곡을 돌아다닌다. 뿐만 아니라 자신의 물건이 더 많은 수익을 낳을 수 있도록 부동산을 돌며 수리 및 리모델링에 신경을 쓴다. 이런 부동산 투자가일수록 투자 능력도 뛰어나다.

결론부터 말하면 똑똑한 부자는 일하는 날과 쉬는 날의 경계가 애매하다.

물론 부자도 일의 온/오프는 있다. 그러나 '이번 주는 열심히 일했으니 오늘은 하루 종일 자야지' 하고 완전한 오프 모드로 돌입하지는 않는다. 하루의 리듬이 깨지는 것을 꺼리기 때문에 휴일에도 정해진 시간에 일어나고 늦게까지 깨어 있는 일이 없다.

놀러 가서도 일을 염두에 둔다

똑똑한 부자는 일터가 아닌 곳에 있을 때도 일 스위치를 완전히 차단하지 않는다.

가령 음식점 대기 줄이 길어지면 어떤 메뉴를 누가 좋아하는지 분석하는 식이다. 백화점에서 인기 상품이 보이면 어느 기업의 상품인지 확인하고 주가 동향을 파악한다. 부동산 투자를 하는 경우 여행지에 가서도 '좋은 물건은 없는지' 안테나를 곤두세운다.

나도 휴일에는 전철이나 카페에서 주변 사람들의 대화에 귀 기울이며 정보를 수집할 때가 있다. 마냥 넋 놓고 앉아 있거나 차만 마시지는 않는다. 무심코 대화를 듣다 보면 젊은 이들의 관심사가 무엇인지, 장년층의 고민은 무엇인지 알 수 있다. 그 살아 있는 정보들이 당장 일로 연결되지는 않는다. 하지만 시간이 흐른 후 뜻밖의 아이디어를 얻을 수도 있다.

부자가 되는 사람은 평일과 휴일을 구분하지 않는다. 휴일에도 완전히 쉰다는 개념이 없다. 물론 몸과 마음의 휴식을 중요하게 생각하지만 일에 활용할 만한 것은 없는지 항상 안테나를 세우고 있다.

 POINT

휴일에도 일 스위치를 완전히 끄지 않는다.

제 장

똑똑한 부자는
이렇게 사람을 사귀지 않는다

첫인상이 좋지 않은 사람과
어울리지 않는다

'이 사람하고는 별로 가까워지고 싶지 않군.'

처음 만난 사람에게 이런 인상을 받았던 적이 있는가? 사람이 싫은 이유는 저마다 다르겠지만 첫 느낌은 의외로 정확할 때가 많다. 직감적으로 싫은 상대와 억지로 어울리면 악순환에 빠져 원만한 관계를 맺기 어렵다.

보험 관련 일을 하던 시절에 아버지에게 인계받은 거물급 고객이 있었다. 그를 처음 본 날, 나는 솔직히 거리를 두고 싶다는 생각이 들었다. 그러나 매출에서 큰 비중을 차지하는 고객이라 꾹 참고 억지로 어울렸다. 그랬더니 아니나다를까 쓸데없는 부탁을 하거나 중요하지도 않은 일로 갑자기 불러내며 시간을 빼앗았다.

아무리 노력해도 정이 안 가서 결국 그 고객과는 관계를 끊었다. 많은 매출을 가져다줄 고객을 잃은 셈이었지만 그만큼 다른 고객에게 시간을 할애할 수 있게 되니 전체 매출은 오히려 늘었다.

'겨우 직감 따위에 의존해서 사람을 끊어 내면 상대가 앙심을 품지 않을까?'라고 생각할 수도 있는데 의외로 그렇지 않다. 내가 어떤 사람과 안 맞는다고 생각하면 그 사람도 내게 같은 감정을 느끼기 마련이다. 따라서 그 사람 역시 나에 대해 단념할지언정 화를 내지는 않는다.

똑똑한 부자는 첫인상의 직감을 중시한다. 누군가와 어울리기 싫다는 생각이 들면 주저 없이 거리를 둔다. 반대로 정말 잘 맞을 것 같은 사람과는 적극적으로 어울린다. 나도 마음이 저절로 가는 사람들과 오랫동안 좋은 관계를 맺고 있으며 첫인상의 직감이 빗나간 적은 없다. 그렇다 보니 나중에 인간관계의 소용돌이에 말려들거나 서로 소통이 안돼 스트레스를 받을 일이 거의 없다.

지나치게 의존하는 사람과 어울리지 않는다

부자가 되는 사람과 그렇지 못한 사람은 누군가를 처음 만났을 때 작동되는 센서의 감도부터 다르다. 부자가 되지 못하는 사람은 그 센서가 둔해서 처음에는 눈치를 못 채다가 가까워지는 과정에서 자신과 상대가 안 맞는다는 것을 깨닫는다. 반면 부자가 되는 사람은 센서가 민감해서 대개 상대에 대한 첫인상과 친해진 이후의 인상에 큰 차이가 없다. 십중팔구는 첫인상이 정확하다.

이 감도의 차이는 어디서 오는 것일까? 사실은 사람을 사귈 때 '기준'이 있느냐 없느냐와 큰 관계가 있다. 내 경우 '지나치게 의존하는 사람'은 피한다는 명확한 기준이 있다.

내게 강연회를 제안해 오는 경우가 종종 있는데 이때 제안 방식이 크게 두 가지 패턴으로 나뉜다. 먼저 '다구치를 강사로 부르면 책을 집필한 경험이 있으니 어렵지 않게 고객을 모을 수 있겠지?'라는 생각으로 나의 경력과 지명도에 의존하여 기획을 제안하는 유형이다. 이 경우 강연회 참석자를 모집할 때도 "다구치 씨, 참석자 모집 말인데요, 어떻게 안 될까요?"라고 수동적인 태도로 일관한다. 이렇게 주최자의 의존도가 높으면 강사가 참석자 유치에 힘을 빼앗기게 되어 정작 강연 내용은 부실해지기 쉽다. 심지어 참석자 모집이 잘 안 되어 강연회를 중단시키는 일조차 있다.

다른 하나는 주최자가 직접 책임지고 참석자를 모집하는

유형이다. "1만 명의 구독자를 확보하고 있는 「OOO 매거진」을 통해 모아 보겠습니다", "저희 회원 중에서 최소 30명은 확보할 수 있습니다" 같은 식으로 주최자가 구체적인 방법을 제안한다. 이 경우 참석자 모집도 순조로울 뿐 아니라 강연회도 성황리에 진행된다.

어떤 사람과 가까이 하는 것이 내게 득이 되고 실이 될지에 대해 평소 기준을 세워 두면 직감 센서가 점점 민감해질 것이다.

 POINT ....

똑똑한 부자는 첫인상의 느낌을 중시한다.

자신을 '평범한 회사원'이라고 소개하지 않는다

처음 만났을 때 자신을 이렇게 소개하는 사람이 있다.

"평범한 회사원입니다."

"평범한 회사에서 일반 사무직으로 일하고 있습니다."

겸손해 보이려는 의도겠지만 솔직히 이런 소개는 그 사람에 대한 흥미를 떨어뜨린다. '평범함'이 나쁜 것은 아니지만 모처럼 서로 귀중한 시간을 내서 만나는 자리인 만큼 내가 모르는 것을 아는 사람, 인간적 매력이 있는 사람과 보내고 싶은 것이 솔직한 마음이다.

나도 그렇지만 똑똑한 부자는 자신과 감각이 비슷한 사람과 어울리고 싶어 한다. 끼리끼리 어울린다는 말도 있듯이 부자 주위에는 자연히 부자가 모여든다. 금전 감각, 재미를 느끼는 포인트, 시간관념 등 여러 면으로 감각이 비슷해서 거부감이 없기 때문이다.

부자가 되는 사람은 자기만의 명확한 가치 기준이 있어서 주변과 쉽게 타협하거나 주변에 휘둘리는 법이 없다. 그래서 타인과 다르게 행동할 수 있다. 이는 곧 경쟁력이 높다는 뜻이고 돈이 모여드는 원동력이 된다.

남들과 똑같이 행동해서는 돈을 벌 수 없다. 투자 세계에서도 마찬가진데, 주가가 급락했다고 해서 다른 사람들처럼 주식을 매각하면 돈을 벌기 어렵다. 주변 상황에 흔들리지 않고 '싸게 사서 비싸게 판다'는 원칙을 철저히 지키는 사람이 이익을 얻는다.

부자는 나보다 어린 사람의 말에도 귀 기울인다

다시 말하지만 부자가 되는 사람은 자기만의 가치 기준이 있는 사람에게 매력을 느낀다. 따라서 한길만 걷는 사람, 남다른 일에 몰두하는 사람의 이야기라면 나이에 관계없이 적극적으로 귀담아 듣는다.

아버지뻘 되는 부자가 나에게 자산 형성 방법이나 투자법을 자세히 물어볼 때가 종종 있다. 한참 어린 사람에게서

라도 배울 점이 있다면 적극적으로 흡수하려는 것이다.

당신이 교류 모임이나 파티에서 부자를 만났을 때, 무난한 질문만 받고 대화가 끝나 버렸다면 당신에게 명확한 가치 기준이 없다는 증거다. 똑똑한 부자는 자신을 평범하다고 표현하는 사람과는 오래 어울리지 않는다. 그런 사람은 기타 다수 중 하나일 뿐이므로 기억조차 못할 것이다.

부자가 되고 싶다면 '평범한 회사원'이라는 소개밖에 할 수 없는 인생을 보내서는 안 된다. 이 세상의 대부분을 차지하는 '평범한 사람'이 부자가 될 가능성은 매우 낮기 때문이다.

 POINT ⋯⋯⋯⋯⋯⋯⋯⋯⋯⋯⋯⋯⋯⋯⋯⋯⋯⋯⋯⋯⋯⋯⋯⋯●

**똑똑한 부자는 명확한 자기만의 가치 기준이 있는 사람과
어울린다.**

자신의 성과를
떠벌리지 않는다

세미나에 가 보면 "내가 이렇게 굉장한 일을 했다", "내가, 내가…"라며 자화자찬하는 사람들이 가끔 있다. 자신을 평범한 사람이라고 소개하는 것 못지않게 듣기가 고역인 것이 자화자찬이다. 남의 자화자찬을 듣고 즐거워할 사람이 누가 있겠는가.

진정한 부자는 자기 입으로 '성과'를 떠벌리지 않는다. 진정으로 실력이나 성과가 독보적인 사람들은 본인이 말하지 않아도 주변 사람들에 의해 자연스럽게 알려진다. 제3자가 인정한 성과는 본인의 말보다 객관성과 신빙성이 몇 배나 높기 때문에 사람들의 신용을 얻는다.

쑥스럽지만 나도 20여 권의 책을 썼고 나름 베스트셀러가 된 책도 있기 때문에 주변에서 "다구치 씨는 잘나가는 재무 상담가입니다"라고 얘기해 줄 때가 있다. 덕분에 내 입으로 "나는 베스트셀러 작가이며 자산 전문가로 활약하고 있다"는 소개를 안 해도 된다.

모든 사람이 인정하는 성과는 주변 사람에 의해 알려진다. 본인 입으로 떠벌려야 하는 성과는 별 볼 일 없거나 조작된 것일 가능성이 높다.

똑똑한 부자는 성과에 근거한 기여 방법에 대해 말한다

그렇다면 주위에서 알아 줄 만한 성과가 없을 때는 어떻게 해야 할까? 똑똑한 부자가 되는 사람은 무리한 목표를 세우기보다는 실현 가능성에 집중한다. 만약 본인 혼자 거둔 성과가 아니라면 협력자가 있다는 사실도 정직하게 밝힌다. 스스로 뛰어나다고 생각하는 사람은 성과를 과장하여 자신을 대단한 사람처럼 보이게 하고 싶어 한다. 듣는 사람은 이내 자화자찬처럼 느낄 수밖에 없다.

또 한 가지 포인트는 성과를 바탕으로 한 기여 방법을 설명하는 것이다. "저는 이러이러한 일을 한 적이 있습니다. 이 방법으로 당신을 돕겠습니다"라고 말하는 것이다.

내가 이 책을 집필할 때도 그 부분을 염두에 두었다. '돈

스트레스에서 해방된 삶'을 실현했다는 사실만으로는 자랑처럼 들릴 뿐이다. 그러나 그러한 삶을 실현하기 위한 노하우를 누구나 따라할 수 있는 방법으로 제시하면 독자에게 참고가 될 것이다.

"보험 대리점에서 매출 1위를 달성한 경험이 있습니다. 그 경험을 바탕으로 귀사의 영업력을 강화시킬 수 있도록 돕겠습니다."

"그동안 100건이 넘는 이벤트를 진행했습니다. 이벤트 고객 유치라면 맡겨만 주십시오."

이처럼 성과와 기여 방법을 묶어서 설명하면 자랑으로 받아들일 염려도 없고 성공적인 비즈니스로 이어질 확률도 높아진다.

◎ POINT

독보적인 성과는 주변 사람에 의해 알려진다.

편안한 인간관계에
안주하지 않는다

부자끼리는 감각적으로 비슷한 면이 많아서 대화가 잘 통한다. 시간 감각에 대해 말하자면 부자는 모든 면에서 판단과 행동이 빠르다. 따라서 눈앞의 기회를 놓치지 않는다. 식당에서조차 음식에 대한 판단 기준이 명확해 메뉴를 선택하느라 고민하는 사람이 없다. 또한 여행 이야기가 나오면 곧바로 일정을 조정하여 신속하게 표를 예약한다. 부자가 되는 사람들은 이러한 공통점 때문에 함께 있으면 서로 즐겁고 편한 시간을 보낼 수 있다.

부자가 편안함을 느끼는 인간관계가 있듯 부자가 되지 못하는 사람도 편안함을 느끼는 인간관계가 있다. 빚투성이 뚱보 시절의 나는 언제나 학원 동료들과 함께였다. 퇴근 후에는 그들과 술을 마시러 갔고 휴일에는 그들과 경마장에

갔다. 생활의 절반 이상을 직장 동료들과 보냈다. 돌이켜 보니 그때 마음이 굉장히 편안했다.

물론 직장에서 인간관계가 나쁜 것보다는 동료들과 잘 어울려 지내는 편이 낫다. 그러나 그러한 인간관계의 편안함 속에 안주하는 이상 부자가 될 가능성은 희박해진다. 허구한 날 술을 마시고 도박판을 벌이는 사람 중에서 부자가 나올 리는 없지 않은가. 동료들은 나와 마찬가지로 폭음과 폭식을 일삼았고 자기 관리와는 거리가 멀었으며 하나같이 뚱뚱했다. 그런 집단에는 똑똑한 부자가 될 수 있는 요소가 없다. 그때의 나처럼 직장을 편안하게 느끼는 사람은 주의가 필요하다. 거기에 안주하면 똑똑한 부자의 집단에 들어갈 수 없다.

직장 내 인간관계에 안주하지 말고 외부 세계와 교류한다

아직 부자가 되기 전인데 현재의 상황에 안주하고 있다면 편안한 인간관계에서 하루 빨리 벗어나도록 노력해야 한다. 그리고 똑똑한 부자들의 집단 속에서 더 편안함을 느낄 수 있을 만한 감각과 기준을 익혀야 한다. 그것이 가능해질 때 비로소 똑똑한 부자가 될 조건이 갖춰진다.

구체적으로는 어떻게 해야 할까? 지금 안주하고 있는 환경에서 벗어나 외부 세계와 교류해야 한다. 예를 들어 비즈니스 세미나에 나가 친목 모임에 참석해 본다. 자신처럼 '부자의 꿈'을 꾸는 사람들과 교류해 보는 것이다. 거기서 만나는 사람들은 어느 정도 자기 관리가 철저하고 일과 돈에 대한 개념이 확고하다.

나도 학원을 그만두고 보험 대리점을 이어받은 후 인맥과 지식을 넓히고자 매일 다른 업종 사람들과의 모임에 참석했다. 거기서 긍정적 에너지로 가득한 사람, 의지가 강한 사람 등 다양한 사람들을 만나면서 생각이 트이는 경험을 했다. 학원의 편안한 인간관계에 안주해 있었다면 결코 만날 수 없는 사람들이었다. 그들의 에너지와 강한 의지에 영향을 받아 나 또한 성장할 수 있었다.

요즘에는 '아침 활동'도 활발하게 이루어지고 있다. 특히 출근 전의 조찬 모임은 자기 관리 능력이 뛰어난 부자들도 다수 참여하고 있어 큰 자극이 된다.

편안한 인간관계에서 벗어나 외부 사람과 교류하면 처음에는 거부감이 느껴질 수도 있다. 감각과 기준이 다르기 때문이다. 이때 마음이 불편하다고 해서 다시 편안한 인간관계로 돌아가 버리면 부자가 되기 어렵다. 마음이 불편하다는 것은 부자에 가까워지고 있다는 증거다. 조금만 더 참으면 마음이 편안해지면서 자연스럽게 똑똑한 부자의 기준과 감각이 몸에 스며들 것이다.

 POINT

마음이 불편하다면 부자에 가까워지고 있다는 증거다.

혼자 있는 것을
두려워하지 않는다

편안한 인간관계에서 벗어나 똑똑한 부자의 인간관계로 뛰어들 때 중요한 점이 하나 더 있다. 바로 혼자 보내는 시간을 확보하는 것이다.

내 경우, 평일은 세미나 등으로 혼자 있는 시간이 별로 없기 때문에 휴일 중 하루를 혼자 있는 날로 만든다. 돈이 없던 뚱보 시절의 나처럼 휴일까지 직장 동료들과 보내서는 안 된다.

나는 아무리 바쁜 일이 있어도 혼자만의 시간을 일정에 넣는다. 내가 꿈꾸는 3년 후, 5년 후의 모습에 맞게 제대로 전진하고 있는지 자문자답하며 검증한다. 이러한 시간을 갖지 않으면 인간은 안일한 길을 택하게 되고 점점 자신의 이상과 목표에서 멀어지게 된다.

그러나 나의 현 위치를 냉정하게 직시하면서 필요한 경우 궤도를 수정해 가면 반드시 이상과 목표에 가까워질 수 있다. 똑똑한 부자가 되고 싶은 사람이라면 혼자 차분히 생각할 수 있는 시간을 마련하여 돈이나 건강 같은 자기 관리 방법과 앞으로의 인간관계에 대해 곰곰이 생각해 보자.

직장 동료 이외의 사람들과 교류하는 것도 중요하지만 누구를 만날 것이며 어떤 교류 모임에 참석할 것인지 미리 확실한 방침을 세워 두는 것도 중요하다. 딱히 끌리는 모임이 없다면 교류하고 싶은 사람들을 직접 모아 보는 것도 좋다. 이처럼 미래의 계획에 대해 혼자 생각할 시간을 가지면 수많은 모임 속에서 사람에게 지쳐 피폐해지는 일도 없다.

부자는 집단에 소속되지 않는다

똑똑한 부자는 다른 부자와의 관계에서 편안함을 느끼기는 해도 어떤 집단에 소속되어야 한다는 개념은 없다. 다른 사람들의 눈에는 부자들의 집단에 소속된 것처럼 보일 수도 있다. 그러나 정작 본인들은 "자주 만나고 친분이 있는 사람들은 있지만 특정 집단에 소속되어 있지 않다"고 할 것이다. 또한 어딘가 소속되고 싶다는 생각도 하지 않는다.

즉 부자들의 집단이란 각 개인이 느슨하게 이어져 있는 것이라고 생각하면 된다. 부자는 확고한 가치 기준이 있으며 자기만의 '색'이 분명하기 때문이다. 따라서 어떤 집단에 소속되어 그 '색'에 물들 필요성을 못 느끼며 혼자 있는 것을 두려워하거나 고독을 느끼지 않는다.

부자는 고독하다

부자는 인맥이 넓다고 생각하기 쉬운데 발이 넓을 뿐이지 의외로 친구는 많지 않다. 나도 함께 식사를 할 만한 지인은 많지만 심각한 고민을 나눌 수 있는 친구는 단 두 명뿐이다.

친구 수는 개인마다 차이가 있겠지만 똑똑한 부자는 확고한 기준과 가치관이 있어서 의외로 그 기준과 가치관에 맞는 사람의 폭이 좁다. 부자들은 고독을 부정적으로 생각하지도 않는다. 오히려 '고독은 부자가 되기 위한 조건'이라 할 수 있다.

 POINT ....•
혼자 생각하는 시간을 확보한다.

SNS에 일방적인 정보를 올리지 않는다

페이스북이나 트위터 등 SNS를 인간관계의 도구로 활용하는 사람이 많다. 소셜미디어를 잘 활용하면 새로운 인맥을 넓힐 수 있고 인간관계를 효과적으로 유지할 수 있다. 내 주변의 부자들도 상당수 소셜미디어를 활용한다. 현대 사회에서 소셜미디어는 인간관계를 돈독히 하는 강력한 무기다.

그러나 페이스북이나 트위터에 올라오는 글 중에는 오히려 역효과를 일으키는 내용도 많다.

대표적인 것이 '자아도취형' 글이다. 예를 들면 대부분이 일하고 있는 평일 낮 시간대에 '지금 와이키키 해변에 있다'는 글과 함께 검게 그을린 수영복 차림의 모습을 올리는 사람, '페라리를 샀다'며 굳이 차를 자랑하는 사람, 또는 밤만

되면 매일같이 고급 레스토랑에서 먹은 음식 사진을 올리는 사람도 있다.

이런 글을 보면 어떤 생각이 드는가? 단순히 '끝내준다, 좋겠다'고 동경의 시선으로 보는 사람도 있겠지만 대부분은 '자랑 좀 작작 했으면 좋겠다, 보기 싫다' 같은 불쾌감을 느끼지 않을까?

상대방이 거북해 할 내용을 올려서 얻는 이득은 없다. 그런 글을 올리는 사람은 상대방이 어떻게 받아들이건 개의치 않는, 즉 객관적 시점이 결여되어 있다. 그것은 인터넷상이 아닌 실제 비즈니스나 인간관계에서도 단점으로 나타나기 마련이다.

연예인은 주간지 등에 가십성 기사가 실려도 직접 제어할 수 없으니 어쩔 수 없다 치자. 하지만 소셜미디어에 올리는 글들은 자신이 직접 내용을 제어할 수 있다. 그런데도 굳이 이미지에 마이너스가 될 만한 글을 자기 손으로 올릴 필요가 있을까? 똑똑한 부자는 SNS에 정보를 올릴 때도 자기 관리를 철저히 하지만 그렇지 않은 사람은 SNS에서조차 자기 관리를 못하는 경우가 많다.

일방적 소통이 아닌 쌍방향 소통

부자가 되지 못하는 사람은 소셜미디어에 일방적인 '자아도취형' 글을 올린다. 한편 주변의 부자들은 애초에 글을 자주 올리지도 않지만 굳이 소셜미디어를 통해 부자임을 과시하지도 않는다. 돈 자랑을 해 봐야 질투의 대상만 될 뿐 좋은 점이 전혀 없다는 것을 잘 알기 때문이다.

똑똑한 부자는 소셜미디어도 일방통행이 아닌 쌍방향으로 활용하는 측면이 강하다. 메시지 기능을 메일 대신 활용하고 업무 관련 공지나 연락 사항을 여러 사람에게 알릴 때 사용한다.

나는 새로운 책이 출간될 때마다 페이스북에 신간 서적을 업로드하고 집필 의도를 덧붙인다. 한동안 못 만났던 지인이나 페이스북 친구들에게 효과적으로 책을 알릴 수 있고 '좋아요'나 댓글을 통해 소통할 수도 있다. 물론 일방적인 내용이 되지 않도록 똑같은 신간 정보를 여러 번 올리지 않는다.

소셜미디어가 인터넷상의 훌륭한 소통 창구지만 소통의 기본은 오프라인 세계라는 것은 조금도 변함이 없다. 상대의 입장에서 생각해 보고 올릴 내용을 관리한다. 똑똑한 부자가 되는 사람은 이 법칙을 철저하게 지킨다.

똑똑한 부자는 SNS에 올릴 정보도 철저하게 관리한다.

제 **5** 장

똑똑한 부자는
이런 이성을 고르지 않는다

순간적인 연애 감정에
휩쓸리지 않는다

그 사람이 너무 좋아서 참을 수 없다. 어떻게든 나를 봐 주기 바라며 맹렬히 대시한다. 10대 때는 이처럼 모든 것을 감정에 내맡긴 채 저돌적으로 밀어붙이는 연애가 먹혀들 수도 있다. 그러나 결혼 적령기에 이른 당신이 앞으로 기나긴 인생을 함께할 결혼 상대를 고른다면 이 방법은 좋지 않다. 결혼 상대의 선택은 앞으로 부자가 되느냐 마느냐를 결정하는 매우 중요한 요소기 때문이다.

그동안 3,000명이 넘는 부자들과 교류해 온 내가 단언할 수 있는 것이 하나 있다. 배우자 또는 연인과 오래 좋은 관계를 유지하는 사람은 부자가 될 가능성이 높고 계속 상대가 바뀌는 사람은 그렇지 못하다는 사실이다.

당신이 여자든 남자든 관계없다. 배우자와의 관계가 원만하면 업무 외적인 스트레스가 없어 일에 매진할 수 있다. 하지만 그렇지 못하면 행여 집에 가서 잔소리를 듣지나 않을지, 업무 때문에 귀가가 늦어지면 불평하지 않을지 같은 걱정과 스트레스로 인해 업무에 집중할 수 없다. 업무에 집중할 수 있는 사람이 그렇지 않은 사람보다 부자가 될 가능성이 높은 것은 당연하다.

어느 경영자가 나와 술을 마시다가 "다구치 씨, 나는 집에 가 봤자 찬밥 신세니 조금만 더 함께 있다 가요"라고 푸념을 늘어놓은 적이 있다. 당시에는 그의 사업에 아무 문제가 없었는데 불과 몇 년 후 경영 악화로 사업을 접었다는 소식이 들려 왔다. 게다가 그 일 때문에 배우자와도 헤어졌다고 한다. 이처럼 배우자 또는 연인과의 관계가 원만하지 못하면 이것이 업무에 크고 작은 영향을 끼친다.

만약 회사를 나와 자기 사업을 하고 싶을 때 배우자와의 관계가 원만하면 배우자에게 동의를 구하거나 사업 계획을 이해시키기도 쉽다. 즉 부자가 될 기회를 잡을 수 있는 반면 배우자와의 관계가 불안정하면 "그런 무모한 계획은 포기해", "보나마나 실패할 거야" 같은 말로 번번이 반대에 부딪히거나 심한 경우 헤어질 수도 있다.

사랑한다는 이유만으로 반려자를 선택하지 않는다

물론 상대에게 반하는 계기나 감정은 사람마다 다르다. 멋진 상대와 만나면 처음에는 내 존재를 잊고 그 사람에게 정신없이 빠져들기도 한다. 여러분도 경험한 적 있겠지만 연애란 일종의 열병과 같다. 그 감정은 머지않아 차갑게 식어버린다. 그저 단순히 연애를 즐기고 싶다면 자기감정에 솔직한 것도 즐거울 것이다.

그러나 '똑똑한 부자가 될 가능성'의 측면에서 보자면 순간적인 연애 감정에 휩쓸리는 사람은 부자가 될 가능성이 매우 낮다. 사랑한다는 이유 하나만으로는 긴 인생길에 닥칠 수많은 어려움을 함께 이겨 낼 수 없기 때문이다.

배우자 또는 연인과 원만한 관계를 맺고 있는 부자는 사랑으로 모든 것이 해결된다고 믿지 않는다. 사랑의 감정은 상대를 선택하는 최소한의 조건이라고 생각하며 다른 '기준'도 고려한 후 교제한다. 그 기준에 대해서는 이어서 소개하겠다.

 POINT

똑똑한 부자는 이성 상대를 선택하는 '기준'이 있다.

의존적인 상대에게
대시하지 않는다

똑똑한 부자는 식사 메뉴를 선택할 때 기준이 있 듯 상대를 선택할 때도 '기준'이 있다. 자세한 '기준'에는 개 인차가 있겠지만 부자들은 대부분 '상대방에게 지나치게 의 존하지 않는' 사람을 원한다.

부자가 되는 사람은 대부분 하기 싫은 일을 억지로 하지 않는다. 하기 싫고 못하는 일을 해서는 아무리 노력해 봤자 부자들의 수준에 도달할 수 없기 때문이다. 보람이 느껴지 는 일, 좋아하는 일, 평생 할 일로 삼고 싶은 일이 직장에서 하는 일과 일치하는 사람이 나중에 부자가 된다.

예를 들면 내가 평생 하고 싶은 일은 더 많은 사람에게 돈의 소중함을 알리는 것이기 때문에 이를 주제로 강연과 집필 활동을 하면서 보람을 느낀다. 다소 힘든 일이지만 거기에서 얻는 '즐거움'이 더 크다.

내가 아는 부자 중에도 '노는' 기분으로 즐겁게 일에 몰두하는 사람이 많다. 부자는 맨날 논다고 생각하는 사람도 있겠지만 사실은 일을 좋아하며 진지한 태도로 임한다. 오히려 일중독에 가까울 정도다. 따라서 똑똑한 부자는 상대방에게 지나치게 의존하며 자립심이 없는 사람을 배우자나 교제 상대로 택하지 않는다.

어떤 경영자는 일하는 시간 외에는 늘 그와 같이 있으려는 성향의 여성과 교제한 적이 있었다. 직장에 다니기는 했지만 자주 옮겼고 머릿속에는 온통 그와 함께 가고 싶은 레스토랑과 여행지 생각뿐이었다.

하지만 그의 회사는 여기저기 돈을 빌려 가까스로 사업을 유지할 만큼 사정이 좋지 않았다. 그로서는 여자 친구와 놀러 다닐 때가 아니었기 때문에 무슨 일이든 회사가 먼저였다.

그런 관계를 지속하던 어느 날 여자 친구에게 이런 말을 들었다고 한다. "내가 먼저야, 일이 먼저야?" 삐걱대던 두 사람의 관계는 회복되지 않았고 결국 헤어지고 말았다.

결혼 후에도 자기 세계가 있는 사람을 선택한다

"내가 먼저야, 일이 먼저야?"라는 질문에 답하기는 정말 어렵다. 둘 다 소중하지만 부자에게 일이란 삶의 보람과 같아서 반드시 답해야 한다면 '일'을 선택하는 사람이 많을 것이다.

그러나 똑똑한 부자는 애초에 이런 질문을 하며 지나치게 의존하는 사람을 교제 상대로 선택하지 않는다. 그들은 자립심 강한 사람을 선택한다. 이를 테면 일에 보람을 느끼며 즐겁게 몰두하는 사람을 선택한다. 각자 열심히 일하면서 틈틈이 시간을 쪼개 함께 알찬 시간을 보낸다. 연인이나 배우자와 이런 건강한 관계를 유지하는 부자가 적지 않다.

친구가 많고 자신이 열중하는 취미가 있는 사람도 이상적인 상대다. 이런 성향의 사람은 전업 주부가 되어도 집에만 있지 않고 친구와 교류하거나 취미를 통해 행동 범위를 넓힌다. 이와 같이 어떤 형태로든 자기 세계를 갖고 사회와 접점을 이루고 있으면 배우자에게 지나치게 의존하는 일은 없을 것이다.

사실 부자와 결혼하면 금전적으로 풍족하기 때문에 전업 주부가 되는 경우가 많다. 그러나 부부 사이의 관계가 원만한 가정에서는 아내가 취미를 살려 자택에서 요리나 요가

클래스를 열기도 한다.

의존적인 사람은 사귀어 보면 바로 알 수 있다. 자신이 지금 사귀고 있는 사람이 이런 성향이라면 자신의 가치관을 똑바로 인식시켜야 한다. 예를 들어 결혼 후 집에만 있는 것은 원치 않으며 내가 지금 하는 일은 나의 천직이기 때문에 인생에서 그 무엇보다 중요하다는 점을 밝혀 두면 나중에 상대에게 원망을 들을 일도 없다.

 POINT ....●
똑똑한 부자는 의존적인 상대를 선택하지 않는다.

그런 사람인 줄 몰랐다고
말하지 않는다

배우자와의 관계가 원만하지 못할 때 이렇게 불만을 토로하는 사람이 있다. "그런 사람인 줄 몰랐다." 이러한 불만은 대부분 가치관의 차이에서 비롯된다. 그 불만이 쌓이고 쌓이면 '가치관의 불일치'로 결국에는 이혼에 이르기도 한다.

예를 들면 경제관념의 차이가 그것이다. 결혼하고 나서야 배우자가 명품 중독이었다거나 반대로 지나친 구두쇠였다는 것을 알게 된 경우가 이에 해당한다. 함께 살면 돈 쓸 일이 자주 생긴다. 작게는 외식부터 여행이나 차, 집처럼 규모가 큰 지출이 있을 때마다 상대의 돈 씀씀이에 스트레스를 받으면 관계에 금이 가기 마련이다.

그래서 똑똑한 부자는 경제관념을 배우자 선택의 기준

으로 삼고 가치관이 맞는 사람과 교제한다. 돈에 대한 가치관이 너무 다른 사람은 아예 선택하지 않는다.

가치관이 다르더라도 이해시키는 것이 중요

그러나 가치관이 완벽하게 일치하는 사람은 없다. 물론 전반적으로 잘 맞으면 좋겠지만 크든 작든 안 맞는 부분이 있기 마련이다. 가치관이 완벽하게 일치하는 사람을 조건으로 건다면 평생 내 짝을 만날 수 없을지도 모른다.

실제로 부모가 회사원인 가정에서 자란 사람과 자영업을 하는 가정에서 자란 사람은 돈에 대한 가치관이 다르다. 하지만 상대에게 이해시킬 수 있으면 문제가 되지 않는다. 가령 상대가 절약 정신이 투철하고 낭비하지 않는 성향이라면 자기 투자 차원에서 책이나 세미나에 쓰는 돈도 아낄 가능성이 있다. 반면 나는 '미래를 위한 투자에는 돈을 아끼지 않는다'는 가치관을 갖고 있으면 사전에 충분히 설명하여 이해시킨다. 그러면 의견 충돌로 인해 다투거나 참느라 스트레스 받을 일도 없다.

배우자 또는 연인과의 관계를 오래 지속시키고 싶다면 서로의 가치관을 이해하는 과정이 반드시 필요하다. 이 과정이 없었던 사람은 '가족 대접을 안 한다', '구두쇠라서 싫다' 등 상대방에 대한 불평불만을 타인에게 늘어놓는다. 배우자 또는 연인과 원만한 관계를 맺고 있는 사람은 결코 타인 앞에서 그 사람의 험담을 하지 않는다. '이 사람이다' 싶은 사람이 있다면 교제에 앞서 자기의 가치관을 확실히 이해시키는 것이 효과적이다.

'휴일마다 반드시 만나야 하는 의존적인 관계는 바라지 않는다.'

'앞으로 사업에 사활을 걸 생각이라 쉬는 날이 거의 없을지도 모른다.'

'돈은 있지만 사치스럽게 살 생각은 없다.'

이렇게 돈과 일, 주거 등 가치관이 다른 주제에 대해서는 적당한 시기에 자기 생각을 먼저 솔직하게 밝힌다. 이런 이야기를 듣고 '이 사람과는 잘 지낼 수 없을 것 같다'는 생각이 들면 상대방이 먼저 헤어지자고 할 수도 있다.

'가치관의 차이는 아무래도 관계없어. 이 사람이 좋으니까 누가 뭐래도 함께할 거야!'라고 생각하는 사람도 있을 것이다. 그런데 연애 감정에 휩쓸려 가치관의 차이를 무시하고 사귀기 시작하면 스트레스로 인해 십중팔구 관계가 삐걱거리게 된다.

평소 주변 사람들에게 자신의 가치관을 밝혀 두면 '이 사람하고는 잘 지낼 수 있겠다', '나와 같은 가치관을 갖고 있네'라고 생각하는 상대가 먼저 다가올 수도 있다. 똑똑한 부자는 상대방에게 "그런 사람인 줄 몰랐다"고 불평하지 않는다. 교제에 앞서 자신이 원하는 이상형을 솔직하게 밝힌다.

 POINT

똑똑한 부자는 평소 자신의 가치관을 솔직하게 밝힌다.

불특정 다수가 모이는 장소에서
인연을 찾지 않는다

결혼이 목적인 만남을 주선하는 파티나 교류 모임 등에서 인연을 찾으려는 사람이 있다. 기회를 많이 갖는 것은 분명 중요하다. 애초에 만남이 없으면 운명의 상대를 만날 가능성이 아예 없기 때문이다. 그러나 부자는 불특정 다수가 모이는 곳에서 인연을 찾지 않는다. 사람과의 만남은 '양'보다 '질'이 중요하다는 것을 알기 때문이다.

내가 그것을 깨달은 것은 학원 강사를 그만두고 아버지가 경영하는 보험 대리점을 막 이어받았을 무렵이다. 당시에는 인맥과 영업력이 부족해 보험 판매가 쉽지 않았다. 그래서 고객을 확보할 생각으로 다른 업종에 종사하는 사람들과 교류할 수 있는 모임에 나갔다. 그런 모임은 처음이라 일단 명함을 챙겨 갔다. 이 사람 저 사람에게 돌리다 보면 보험을 판매할 수 있을 것이라 믿고 100명이 넘는 사람들과 명함을 교환했다.

하루 만에 100명이 넘는 잠재 고객을 확보했다는 생각에 신나게 사무실로 돌아와 보험 가입 신청 전화만 기다렸다. 그로부터 수개월 동안 전화기 앞을 지켰지만 그 모임에서 만난 사람 중 그 누구도 전화를 하지 않았다. 나는 비로소 처음 본 사람에게 명함을 돌리며 일감을 달라고 하는 것이 얼마나 쓸모없는 일인지 통감했다.

그러한 모임 자체를 부정적으로 보는 것은 아니다. 비즈니스는 대화를 어떻게 하느냐에 달렸고 실제로 나도 이 모임을 통해 인맥을 넓혔던 시절이 있다. 중요한 것은 불특정 다수와 대화하려 하지 말고 대상을 좁혀서 진정성 있게 이야기를 들어 주는 것이다. 그러면 상대도 나에게 관심을 갖게 되어 있다. 그 다음에는 내가 무슨 일을 하며 상대에게 어떻게 공헌할 수 있는지 자세하게 전달할 수 있다. 상대를 진심으로 이해하고 나에 대해서도 진심을 담아 호소력 있게 얘기한다. 그러한 소통이 가능할 때 불특정 다수와의 만남도 비즈니스로 이어질 수 있다.

그러나 내 일이 안정권에 들어선 이후로는 그러한 모임

에 갈 기회가 현저히 줄어들었다. 깊이 있는 소통으로 인연을 맺은 고객들에게 새로운 고객을 소개받는 경우가 늘었기 때문이다.

"다구치 씨 보험에 관심이 있는 사람이 있으니 소개할게요."

"다구치 씨와 잘 맞을 만한 사람이 있으니 데려올게요."

이때 만남을 주선하는 사람은 이미 나의 일과 생각에 대해 깊이 이해하고 있기 때문에 대부분 순조롭게 계약이 성사된다. 지금 하고 있는 재무 상담도 기본적으로는 소개에 의해 규모를 확장시키고 있다.

부자는 자신이 컨트롤할 수 있는 일에 주력한다

결혼이 목적인 만남을 주선하는 파티나 교류 모임에서도 소통 방법에 따라 이상적인 상대를 만날 수 있다. 그러나 불특정 다수가 모이는 곳에서 소통의 '깊이'를 기대하기는 솔직히 어렵다.

이런 파티의 경우, 여성은 보통 앉아 있고 남성 참가자들이 자리를 옮기며 자기소개를 한다. 그런 환경에서 상대를 깊이 알기는 어렵다. 게다가 연애 관계에 이르려면 비즈니스 관계 이상으로 서로를 속속들이 알아야 한다. 운이 좋으면 운명의 상대를 만날 수도 있겠지만 굉장히 비효율적이다.

그렇다면 부자들은 어떤 방법으로 교제 상대를 만날까? 내 경험에 의하면 비즈니스와 마찬가지로 친구나 지인의 소개를 통해 만나는 경우가 많다. "OO 씨와 잘 어울릴 것 같은 사람이 있는데 조만간 소개할게요"라는 제안으로 교제가 시작된다. 중간에서 소개한 사람은 서로의 가치관을 웬만큼 알기 때문에 일종의 필터를 거쳐 상대를 선택할 수 있다. 가치관이 전혀 다른 두 사람의 만남을 주선하지는 않으므로 인연이 맺어질 가능성이 높다.

불특정 다수와의 만남은 운에 좌우된다. 그러나 소개에 의한 만남은 자신의 평소 행동과 소통 방식에 좌우된다. 상대방으로 하여금 누군가에게 나를 소개해 주고 싶다는 생각이 들게 하면 기회가 그만큼 넓어진다. 운은 어떻게 할 수 없지만 행동과 소통은 본인이 하기 나름이다. 똑똑한 부자는 자신이 컨트롤할 수 있는 일에 힘을 쏟는다.

 POINT

똑똑한 부자는 지인의 '소개'를 통해 상대를 만난다.

식사 매너가 없는 사람과
교제하지 않는다

나를 비롯해 세대적으로 옛날 감성이 조금 남아 있는 남자들은 교제 상대에게 웬만해서는 밥값을 내게 하지 않는다. 부자라서가 아니라 여성에게 밥값을 내게 한다는 개념이 아예 없기 때문이다. 그래서 기꺼이 계산은 하지만 가끔 상대의 태도에 실망할 때가 있다.

예전에 만났던 한 여성에 대한 얘기다. '이 사람이다' 싶었던 그녀와 처음으로 데이트를 하며 밥을 먹게 되었다. 대화도 잘 통하고 즐거운 시간을 보냈는데 헤어지는 순간 보인 태도에서 약간의 거부감을 느꼈다. 내가 계산을 마친 뒤에도 잘 먹었다는 인사 한마디가 없었던 것이다. 사 주는 것을 당연하게 여기는 듯한 태도였다.

이렇게 말하면 쩨쩨하다고 할지 모르겠지만 처음부터 음

식값은 내가 낼 생각이었고 상대가 같이 내자고 해도 거절했을 것이다. 그러나 나는 그 당시 빚을 갚는 중이었고 형편이 어려웠기 때문에 솔직히 잘 먹었다는 인사 정도는 듣고 싶었다. 그 후로도 몇 번인가 그녀와 데이트할 기회가 있었지만 첫 식사 때 느꼈던 거부감이 사라지지 않아 원만한 관계를 유지할 수 없었다.

음식값을 지불한 사람에게 잘 먹었다는 인사를 안 하는 사람은 교제 상대로 택하지 말라는 뜻이 아니다. 그런 인사를 했다고 해서 무조건 최고의 교제 상대인 것은 아니다. 중요한 것은 함께 밥을 먹는 자리에서 거부감을 느꼈다는 사실이다.

식사에 대한 가치관이 맞지 않으면 삐걱거릴 가능성이 높다

함께 밥을 먹을 때 거부감이 느껴지는 상대와는 원만한 관계를 유지하기 어렵다. 예를 들어 음식을 지저분하게 먹거나 남기고, 점원이 물을 갖다 줘도 고맙다는 인사를 하지 않는 사람에게 거부감을 느끼는 사람이 있다. 거부감을 느끼는 부분은 사람마다 다르지만 식사 중에 느낀 거부감은 앞으로의 교제에 계속 영향을 미칠 가능성이 높다. 식사하는 동안 상대의 본모습과 인성이 드러나기 때문이다.

식사는 매일의 습관이다. 오랜 세월 몸에 밴 행동과 태도는 고치기 어렵다는 점을 명심하자. 다른 사람이 고쳐 주는 것도 쉽지 않고 애초에 본인이 그런 태도를 나쁘게 생각하지 않을 가능성이 높다. 그야말로 가치관의 차이가 잘 드러나는 부분이다.

예를 들어 나는 점원이 물을 갖다 줬을 때 인사를 하는 것이 당연하다고 생각해도 상대가 '손님은 그럴 필요 없다'고 생각하면 앞으로 식사뿐 아니라 여러 면에서 자주 부딪히게 될 것이다.

그렇기 때문에 똑똑한 부자는 함께 식사할 때 거부감이 느껴지는 상대와는 적극적으로 사귀려 하지 않는다. 식사는 최고의 상대를 가려내는 '리트머스 시험지'가 될 수도 있다. 단, 상대방도 내 언동을 지켜보고 있다는 사실을 잊지 말자. 조금이라도 매너 없는 모습을 보인다면 가차 없이 당신 곁을 떠날 것이다.

 POINT
식사는 상대의 됨됨이를 엿볼 수 있는 리트머스 시험지다.

분수에 안 맞는 교제를
하지 않는다

좋아하는 여성에게 잘 보이고 싶어서 선물 공세를 하는 사람이 있다. 본인이 감당할 수 있는 선물이라면 문제없다. 그러나 단지 상대의 미소를 보고 싶어서 고가의 명품 백이나 액세서리를 선물하는 사람이 있다. 결론부터 말하면 필요 이상으로 잘 보이려 하거나 분수에 안 맞는 선물을 하는 것은 바람직하지 않다.

부끄럽지만 나의 실패담을 고백하겠다. 500만 엔의 빚이 있던 뚱보 시절, 푹 빠졌던 여성이 있었다. 그녀는 더할 나위 없는 상냥함과 미소로 나를 대했다. 함께 얘기하다 보면 마치 그녀가 내 애인인 듯한 착각에 빠졌다. 그도 그럴 것이 내게 호의를 보인 상대는 유흥업소에서 일하는 여성이었다. 영업 차원에서 내게 최고의 미소를 지어 보이는 건 당연한 일이었다.

나는 그녀에게 많은 돈을 쏟아부었다. 매일 술을 마시러 갔고 선물도 자주 했다. 무려 300만 엔이 넘는 돈을 그녀에게 갖다 바쳤다. 당연히 그 여성이나 업소 측은 나를 물주로서 반긴 것이겠지만 나는 순진하게도 그 여성과 틀림없이 사귈 수 있을 거라고 믿었다. 그러나 사귀기는커녕 가게 밖에서 데이트 한 번 하지 못했다. 그때의 나는 자신감이 전혀 없었다. 빚을 지고 살면서도 고가의 명품을 선물하며 통 크게 보이고 싶었을 뿐이리라. 마음이 완전히 붕 떠 있는 상태였다.

그러나 '돈 스트레스에서 해방된 삶을 실현하자'는 목표를 세운 후 내 인생은 변하기 시작했다. 술집을 끊고 최선을 다해 하루하루를 보낸 결과 빚을 모두 청산하게 되었다. 체중도 점점 줄어들었다. 그러자 내가 생각해도 이상할 정도로 인기가 많아졌다. 보험 영업을 할 때라 인맥 관리 차원에서 세미나와 교류 모임에 자주 나갔는데 그곳에서 줄기차게 여성들의 대시를 받았다. '인기'라는 것이 다소 추상적일수도 있지만 적어도 술집에 다니던 시절보다는 연락처를 묻거나 호감을 표해 오는 여성이 많아졌다.

여성의 눈에는 자기 관리가 철저하고 성실한 남성이 매력적으로 보이는 것인지도 모른다. 적어도 빚을 져가며 선물을 바치는 남자보다 몇 배는 나을 것이다. 덕분에 한창 빚을 갚던 중에 만난 사람과 지금도 행복하게 살고 있다.

똑똑한 부자는 자기 능력에 맞는 선물을 한다

좋아하는 사람의 관심을 끌고 싶고, 사귀고 싶어서 무리하는 그 마음은 충분히 이해한다. 기념일에는 선물 하나로 분위기가 좋아지기도 하므로 선물 자체를 부정하는 것은 아니다. 다만 통장이 바닥을 보이는데도 명품 백을 선물하거나 고급 호텔 레스토랑을 예약하는 등 분수에 안 맞게 돈을 쓰는 태도를 지적하는 것이다. 그렇게 유지되는 관계는 오래 가지 못한다.

물론 교제에 성공할 수도 있다. 그러나 처음부터 상대에게 과한 돈을 쓰면 그것이 '최저 기준'이 되어 버린다. 사귀기로 한 뒤 씀씀이를 형편에 맞게 줄이면 "옛날에는 돈도 잘 쓰더니 사랑이 식었네"라며 원망할 게 뻔하다. 분수에 안 맞는 선물 공세로 여성에게 접근하면 결국 돈이 떨어졌을 때 애정도 같이 떨어지게 된다. 애초에 그런 사람에게는 돈을 노리는 사람만 접근한다.

똑똑한 부자도 당연히 사귀고 싶은 상대에게 선물을 한다. 다만 자기 능력에 맞는 선물을 고른다. 과거의 나처럼 빚을 져가며 고가의 선물을 하는 것은 바람직하지 않다. 고급은 아니어도 마음을 담은 선물이나 상대의 취미와 센스를 고려한 선물은 기분이 좋아지게 하기 마련이다.

"내 생일을 기억하고 있었구나! 이거 잡지에서 보고 갖고 싶었던 건데, 어떻게 찾은 거야?"

선물이란 원래 물건 자체보다 상대가 좋아할 만한 것이 무엇일지 고민하고 시간을 들여 선물을 찾는 '수고'에 가치가 있다. 여러분도 '이게 나을까, 저게 나을까?' 수없이 고민하며 오랫동안 선물 가게 안을 서성였던 경험이 있을 것이다.

여성은 그런 행동에서 상대의 애정을 느끼며 오랫동안 함께하고 싶어 한다. 일단 비싼 선물을 주면 좋아할 거라고 생각하는 남성은 머지않아 그 여성과 멀어질 것이다.

 POINT

선물은 가격보다 '수고'에 가치가 있다.

배우자가 된 뒤에도
상대에게 소홀히 하지 않는다

선물에 관한 똑똑한 부자들의 공통적인 행동 패턴을 한 가지 더 소개한다. 바로 배우자 또는 연인이 된 뒤에도 상대에게 변함없이 선물을 한다는 것이다.

'잡은 물고기에게 먹이를 주지 않는다'는 말처럼 교제를 시작한 뒤에는 상대에게 선물하는 횟수가 현저히 줄어든다. 생일이나 기념일을 잊어버리기도 한다. 상대는 사랑이 식었다며 화를 내고 마침내 두 사람의 관계에 금이 간다. 남녀 사이의 무너진 신뢰 관계는 일에도 악영향을 미친다.

상대의 부모님을 위한 선물도 잊지 않는다

똑똑한 부자는 사귀기 전에도 꾸준히 선물을 하지만 배우자나 연인이 된 뒤에도 생일이나 크리스마스, 결혼기념일

등 중요한 기념일에는 잊지 않고 선물을 한다.

내 주변의 똑똑한 부자는 예외 없이 배우자의 생일과 기념일을 중요하게 여긴다. 생일 선물을 잊는 법이 없으며 기념일에는 멋지게 차려 입고 고급 레스토랑에서 식사를 한다. 일을 핑계로 기념일을 소홀히 하는 법이 없다. 오히려 상대방과 보내는 시간을 최우선으로 생각한다.

그리고 똑똑한 부자는 상대의 부모님의 생일과 기념일에도 선물을 잊지 않는다. 상대방 입장에서는 굉장히 기분 좋은 배려가 아닐 수 없다.

배우자나 연인이 된 뒤에도 선물을 잊지 않는 사람, 게다가 그 부모님까지 꼼꼼히 챙기는 사람은 비즈니스에 있어서도 좋은 성과를 올릴 가능성이 높다. 평소 신세 지고 있는 사람에게 감사하는 마음을 잊지 않고 그들의 존재를 소중히 여기며 배려하는 습관이 배어 있기 때문이다. 그런 사람은 주위의 신뢰를 얻어 중요한 비즈니스 파트너와도 좋은 관계를 오래 유지하기 때문에 사람과 돈이 따른다.

 POINT

배우자나 연인이 된 뒤에도 변함없이 선물을 한다.

똑똑한 부자는
자기 관리의 과정을 즐길 줄 안다

본문에서 철저한 자기 관리와 '부자가 절대 하지 않는 일'을 하지 않는 것이 부자가 되는 길이라고 강조했다.

여러분은 '좋아하는 일을 하기 위해 인내하며 노력한다', '항상 힘들지만 참고 노력한다'는 말처럼 '노력'이 곧 자기 관리라고 생각할지도 모르겠다. 그러나 자기 관리에 철저한 부자는 노력하지 않는다. 오히려 일을 즐기면서 하고, 하고 싶어서 일을 한다.

빚투성이 뚱보였던 내가 빚을 청산하고 다이어트에 성공할 수 있었던 것은 철저한 자기 관리 덕분이었다. 물론 그 과정은 굉장히 고달팠지만 '돈 스트레스에서 해방된 삶'을 실현하겠다는 확실한 목표가 있었기 때문에 기본적으로는 보람을 느끼며 그 과정을 즐기기도 했다.

똑똑한 부자가 된 사람은 모두 '최선을 다해야 할 시간'을 찾은 사람들이다. 주변 사람들에게는 그저 노력하는 사람으로 보이겠지만 정작 본인들은 그렇게 생각하지 않는다. 하고 싶은 일에 정신없이 몰두하고 있을 뿐이다.

그래서 늘 즐거워 보인다. 그러고 보면 '즐거울 수 있는 시간'을 찾았다는 표현이 정확할지도 모르겠다. 자신이 '즐거울 수 있는 시간'을 찾으면 자기 관리도 그다지 괴롭지만은 않다.

아무리 노력해도 알아주지 않는다고 불만을 토로하는 사람은 아직 자신이 '즐거울 수 있는 시간'을 못 찾은 사람이다.

그렇다면 이 책에서 소개한 '부자들이 절대 하지 않는 일'을 명심하고 부자의 생각과 행동을 구체적으로 구현해보자. 해야 할 일과 해서는 안 되는 일을 구분하는 것만으로도 일과 생활에서 낭비가 없어지고 생활에 리듬이 생긴다. 그 결과 생각이 맑아지고 저절로 내가 '즐거울 수 있는 시간'이 눈에 들어올 것이다.

다구치 도모타카

KI신서 7342

부자들이 절대 하지 않는 40가지 습관

1판 1쇄 발행 2018년 3월 21일
1판 3쇄 발행 2018년 8월 30일

지은이 다구치 도모타카 **옮긴이** 안혜은
펴낸이 김영곤 박선영 **펴낸곳** (주)북이십일 21세기북스

정보개발본부장 정지은
정보개발1팀장 이남경 **책임편집** 김선영
해외기획팀 임세은 장수연 이윤경
출판영업팀 이은정 한충희 최명열
출판마케팅팀 김홍선 최성환 배상현 이정인 신혜진 나은경 조인선
홍보기획팀 이혜연 최수아 박혜림 문소라 전효은 염진아 김선아
표지 디자인 디자인 빅웨이브 **본문 디자인** 손혜정
제작팀 이영민

출판등록 2000년 5월 6일 제406-2003-061호
주소 (우 10881) 경기도 파주시 회동길 201(문발동)
대표전화 031-955-2100 **팩스** 031-955-2151 **이메일** book21@book21.co.kr

(주)북이십일 경계를 허무는 콘텐츠 리더

21세기북스 채널에서 도서 정보와 다양한 영상자료, 이벤트를 만나세요!
페이스북 facebook.com/21cbooks **블로그** b.book21.com
인스타그램 instagram.com/book_twentyone **홈페이지** www.book21.com

서울대 가지 않아도 들을 수 있는 명강의! 〈서가명강〉
네이버 오디오클립, 팟빵, 팟캐스트에서 '서가명강'을 검색해 보세요!

ⓒ 다구치 도모타카, 2015

ISBN 978-89-509-7389-6 03320